Александра Мережникова

Рисуем вместе!

Александра Мережникова

Рисуем вместе!

Простые уроки рисования

Bloggingbooks

Impressum / Выходные данные

Bibliografische Information der Deutschen Nationalbibliothek: Die Deutsche Nationalbibliothek verzeichnet diese Publikation in der Deutschen Nationalbibliografie; detaillierte bibliografische Daten sind im Internet über http://dnb.d-nb.de abrufbar.

Alle in diesem Buch genannten Marken und Produktnamen unterliegen warenzeichen-, marken- oder patentrechtlichem Schutz bzw. sind Warenzeichen oder eingetragene Warenzeichen der jeweiligen Inhaber. Die Wiedergabe von Marken, Produktnamen, Gebrauchsnamen, Handelsnamen, Warenbezeichnungen u.s.w. in diesem Werk berechtigt auch ohne besondere Kennzeichnung nicht zu der Annahme, dass solche Namen im Sinne der Warenzeichen- und Markenschutzgesetzgebung als frei zu betrachten wären und daher von jedermann benutzt werden dürften.

Библиографическая информация, изданная Немецкой Национальной Библиотекой. Немецкая Национальная Библиотека включает данную публикацию в Немецкий Книжный Каталог; с подробными библиографическими данными можно ознакомиться в Интернете по адресу http://dnb.d-nb.de.
Любые названия марок и брендов, упомянутые в этой книге, принадлежат торговой марке, бренду или запатентованы и являются брендами соответствующих правообладателей. Использование названий брендов, названий товаров, торговых марок, описаний товаров, общих имён, и т.д. даже без точного упоминания в этой работе не является основанием того, что данные названия можно считать незарегистрированными под каким-либо брендом и не защищены законом о брендах и их можно использовать всем без ограничений.

Coverbild / Изображение на обложке предоставлено: www.ingimage.com

Verlag / Издатель:
Bloggingbooks
ist ein Imprint der / является торговой маркой
OmniScriptum GmbH & Co. KG
Heinrich-Böcking-Str. 6-8, 66121 Saarbrücken, Deutschland / Германия
Email / электронная почта: info@bloggingbooks.de

Herstellung: siehe letzte Seite /
Напечатано: см. последнюю страницу
ISBN: 978-3-8417-7154-4

Copyright / АВТОРСКОЕ ПРАВО © 2013 OmniScriptum GmbH & Co. KG
Alle Rechte vorbehalten. / Все права защищены. Saarbrücken 2013

СОДЕРЖАНИЕ.

ВВЕДЕНИЕ.		3
	С ЧЕГО НАЧАТЬ?	5
	5 ПРИЧИН СТАТЬ ХУДОЖНИКОМ.	8
	ЗАЧЕМ УЧИТЬСЯ РИСОВАТЬ?	11
	ГДЕ УЧИТЬСЯ?	14
	КАК УЧИТЬСЯ РИСОВАТЬ ПО КНИГАМ.	17
	А МОЖНО ЛИ НАУЧИТЬСЯ САМОСТОЯТЕЛЬНО И БЕСПЛАТНО?	20
	ПЕРЕД ТЕМ, КАК НАЧАТЬ – ТЕСТ НА ЗРИТЕЛЬНУЮ ПАМЯТЬ.	22
	КАК ОРГАНИЗОВАТЬ ТВОРЧЕСКУЮ МАСТЕРСКУЮ В МАЛЕНЬКОЙ КВАРТИРЕ?	24
	ИНСТРУМЕНТЫ И МАТЕРИАЛЫ.	30
	КАК ТОЧИТЬ КАРАНДАШИ.	32
	ДЕРЖИМ КАРАНДАШ ПРАВИЛЬНО.	34
	КАК РИСОВАТЬ, ЗА СТОЛОМ ИЛИ ЗА МОЛЬБЕРТОМ?	36
ПРЯМЫЕ ЛИНИИ.		41
ПРАКТИЧЕСКОЕ ЗАДАНИЕ: РИСУЕМ КУБ.		43
ОТКУДА БЕРЕТСЯ ОБЪЁМ?		52
ПРАКТИЧЕСКОЕ ЗАДАНИЕ: ОБЪЕМ ЦИЛИНДРА.		56
БАЛАНС БЕЛОГО.		63
ФОРМА И ОБЪЕМ.		65
ПРАКТИЧЕСКОЕ ЗАДАНИЕ: СВЕТОТЕНЬ НА ОКРУГЛОЙ ФОРМЕ.		68
СВЕТ И ТЕНЬ В ПОРТРЕТЕ.		74
ЕЩЕ О МАТЕРИАЛАХ: КАРАНДАШИ ТВЕРДЫЕ И МЯГКИЕ.		77
ДЛЯ ЧЕГО НУЖЕН ЛАСТИК?		81
	ОСНОВНЫЕ ВЫРАЗИТЕЛЬНЫЕ СРЕДСТВА ХУДОЖНИКА. ЛИНЕЙНЫЙ РИСУНОК.	85
	ТОН: 5 СЕКРЕТОВ КРАСИВОГО ШТРИХА.	89
	ЧТО ПРАВИЛЬНО, ШТРИХОВАТЬ ИЛИ ТУШЕВАТЬ? ЧАСТНОЕ	91

МНЕНИЕ.	
ПОЛЕЗНАЯ ТЕОРИЯ: ПОГОВОРИМ О ПЕРСПЕКТИВЕ.	95
ОСНОВЫ ЛИНЕЙНОЙ ПЕРСПЕКТИВЫ.	98
ПЕРСПЕКТИВА КОМНАТЫ. ЧАСТЬ 1 - ПОЛЕ ЗРЕНИЯ.	102
ПЕРСПЕКТИВА КОМНАТЫ. ЧАСТЬ 2 - ПЕРСПЕКТИВНЫЙ МАСШТАБ.	105
УГЛОВАЯ ПЕРСПЕКТИВА.	110
КРУГИ В ПЕРСПЕКТИВЕ - ПРОСТО!	115
ПЕРСПЕКТИВА СЛОЖНЫХ ТЕЛ.	120
ЧТО ТАКОЕ ЗОЛОТОЕ СЕЧЕНИЕ.	123
КОМПОЗИЦИЯ ПО «ЗОЛОТОМУ СЕЧЕНИЮ».	129
КОМПОЗИЦИЯ КАРТИНЫ НА ПРИМЕРАХ.	133
ЛЮБИМЫЕ ОШИБКИ НАЧИНАЮЩЕГО ХУДОЖНИКА.	138
ПОЧЕМУ НЕ ПОЛУЧАЕТСЯ?	142
СТРАХ ЧИСТОГО ЛИСТА.	144
А ЕСЛИ НЕТ ТАЛАНТА?	149
ПОЧЁМ ТАЛАНТ?	151
ПРО МОТИВАЦИЮ.	153
ЧТО НУЖНО, ЧТОБЫ ПОЛУЧАЛОСЬ РИСОВАТЬ.	156
ПРИМЕРНЫЕ ЗАДАНИЯ ПО РИСУНКУ САМОМУ СЕБЕ.	159
ЧТО ТАКОЕ КРЕАТИВНОСТЬ?	163
РАЗВИТИЕ ВООБРАЖЕНИЯ.	166
РИСОВАТЬ "ИЗ ГОЛОВЫ" - КАК? И, ГЛАВНОЕ, ЗАЧЕМ?	168
ОБ АКАДЕМИЧЕСКОМ РИСУНКЕ.	172
КАК СДАТЬ ЭКЗАМЕН ПО РИСУНКУ.	175
В ЗАКЛЮЧЕНИЕ.	179
БИБЛИОГРАФИЯ	181

ВВЕДЕНИЕ.

Книга, которую вы держите в руках, - это не традиционный учебник рисования. Это вообще не учебник, должна признаться, что отношусь к учебникам по рисунку несколько настороженно. Не потому, что считаю изучение теории излишним, напротив.

Однако рисунок - это, прежде всего, практическая дисциплина. Можно не прочитать ни одного учебника, и при этом быть прекрасным художником - при условии значительной практики, конечно. И наоборот, изучить массу специальной литературы, но не суметь нарисовать простейший предмет, - в том случае, если практика отсутствует.

Рисование – такой же навык, как умение водить машину, готовить, кататься на горных лыжах. Обучение идет через действие. Осознание – через практику. Навык рисования можно приобрести только с карандашом в руке.

Спросите у любого художника «как научиться рисовать?». Я не думаю, чтобы хоть кто-нибудь посоветовал пойти купить учебник рисования, и не знаю ни одного примера того, как человек стал художником просто прочитав какую-то книгу.

И все же, когда я начала обучать рисунку, мне понадобилась именно такая книга. Потому что каждому новому ученику приходилось объяснять одно и то же. И иногда очень хотелось найти книгу или сайт, куда можно отправить за ответом. Ну, просто чтобы по сто раз не повторяться. К сожалению, на тот момент мне не встретилось ничего подходящего. Книги, которые я читала, либо не содержали нужной информации, либо содержали ее с таким избытком, что на изучение каждого вопроса пришлось бы тратить уйму времени. Уроки, которые попадались в сети, производили или вовсе удручающее впечатление, или были просто перепечатаны из каких-нибудь довольно сложных для восприятия учебников. И я начала работу над собственным ресурсом.

Поначалу это был блог, в котором я публиковала записи для своих учеников: писала статьи с необходимой теоретической информацией, объясняла какие-то практические моменты.

Постепенно и незаметно аудитория выросла, вокруг сайта сформировалось сообщество постоянных читателей, а у меня появились новые ученики: люди взрослые и состоявшиеся. И обсуждать мы стали не только технику рисования, но и трудности другого рода: сомнения, страхи, веру в талант и отношение к критике.

В конце концов, технические трудности легко преодолимы, рисовать совсем не трудно. Любой художник, я думаю, скажет вам то же, что и я - научиться рисовать может каждый. По большому счету, это лишь вопрос времени и затраченных усилий.

Лучшее время посадить дерево - 20 лет назад.

Второе лучшее время – сейчас.

Китайская пословица

Конечно, цифра 20 лет пугает. Многие не начинают лишь потому, что уверены: обучение рисованию – процесс длительный, может растянуться на десятилетия. Однако, это совсем не так! Да, художники учатся подолгу. Но, если обучение растянуто на много лет, это вовсе не означает, что все эти годы человек был беспомощным неумейкой, а потом вдруг – РАЗ! и стал художником. Как будто лампочку включили.

Вовсе нет. «Поставить руку» можно буквально за несколько занятий. Все годы учебы – это только совершенствование навыка. Потому что с каждым новым рисунком рука становится чуть тверже, а глазомер – чуть точнее.

Поэтому, если ранее вы раздумывали и копили материалы, чтобы дождаться того "самого" момента и начать что-то делать, то теперь самое время просто начинать рисовать! А я постараюсь вам в этом помочь.

Даже путь в тысячу ли начинается с первого шага.

Другая китайская пословица,

иногда приписываемая Лао-цзы

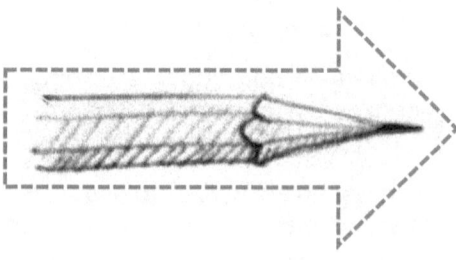

С ЧЕГО НАЧАТЬ?

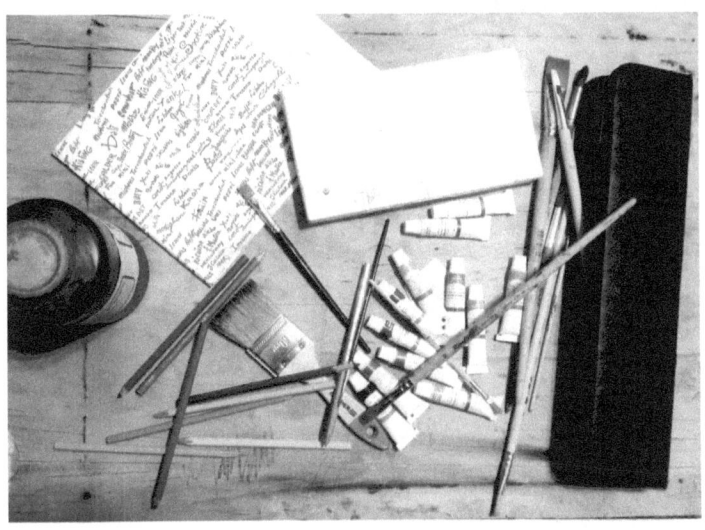

Нет, не с покупки красок и кисточек, как вы могли бы подумать. И даже не с чтения книг. Есть нечто более важное и менее осязаемое.

Это не желание рисовать. Я говорю о принятии решения. В процессе обучения этот момент я считаю наиболее важным.

Казалось бы, желание и решение - это явления одного порядка. Однако есть одно существенное различие. А именно: желание не продуктивно. Можно мечтать о чем-то долгие годы, а в некоторых случаях и всю жизнь. И такие случаи не редкость. Да вы и сами наверняка знаете разного рода мечтателей. Они чего-то сильно хотят и думают: "Хорошо было бы..." Но ничего так и не происходит. Им не хватает этой самой малости - принять решение.

А для решения нужно две вещи. Во-первых, конечно, определенная смелость. А во вторых, вера в то, что цель достижима. И живопись доступна не только избранным талантам, а вполне обычным людям. Таким, как я и вы.

У меня есть один знакомый. Он уже не молод, очень интеллигентный и уважаемый человек, читает лекции в ВУЗе. Хотя всю жизнь мечтал стать художником. Наше знакомство и началось с его рассказа о мечте, при этом этот милый человек горько вздыхал и говорил: "Как жаль, но мне не дано". Хотя главное ему как раз дано - это способность видеть прекрасное в обыденном. Даже на лекциях он может прерваться, чтобы подойти к окну и полюбоваться видом, восклицая при этом: "Вы только посмотрите, какая красота! Если бы я только умел рисовать!..".

Согласитесь, мало людей могут восхищаться тем, что наблюдают каждый день, большинство, скорее, проскальзывают по знакомому пейзажу невидящим взглядом. В том числе и студенты-художники, которым этот милый человек так завидует, никакой такой особенной красоты в окне не замечают. Умение рисовать в данном случае - всего лишь дело техники, навык, который можно легко развить! Тем не менее, мечта так и остается мечтой, и это очень грустно.

Итак, главное, на мой взгляд,- это принять решение. После этого стоит определиться с целями, то есть для чего вам нужно уметь рисовать. Может быть, вы хотите стать профессиональным художником, или рисование останется вашим хобби, которое будет вас радовать и подзаряжать энергией?

И, исходя из целей, выбрать подходящий способ обучения. Будете ли вы посещать студию, учиться в художественном ВУЗе, или будете заниматься самостоятельно по книгам или дискам - все эти способы эффективны, когда вы точно знаете, чего хотите достичь.

Поэтому я предлагаю потратить пару минут для того, чтобы ответить на вопрос (прежде всего, ответить себе):

ЗАЧЕМ МНЕ РИСОВАТЬ?

1. Просто для души, для самореализации.
2. Хочу этим зарабатывать - продавать картины или рисовать портреты.
3. Это умение нужно мне в моей профессии.
4. Незачем. У меня другие интересы.
5. Свой вариант.

Я написала ответы навскидку, разумеется, это далеко не все возможные варианты. И, возможно, вы заметите, что одной галочки будет недостаточно. Поскольку мотивов может быть много, и они вполне могут оказаться не такими простыми и однозначными.

Для чего вообще об этом думать?

Дело в том, что правильный ответ может высветить дальнейший путь. И уже вы будете достаточно точно представлять себе, какие практические шаги следует предпринять. Если, например, есть желание заниматься рисунком профессионально, вряд ли вы будете просиживать часы в интернете, в поисках схем для поэтапного срисовывания. И в этом случае, лучше будет найти подходящий институт, подать туда документы, или записаться на какие-то специализированные курсы.

Для себя, вполне вероятно, будет достаточно купить и изучить хорошую книгу по рисунку. А может быть, познакомиться с художником и договориться о занятиях.

В общем, наметить план, хотя бы в общих чертах.

А уже потом можно идти в магазин за красками и кистями.

Только не стоит слишком застревать на стадии планирования, иначе ваше решение может превратиться в мечту, далекую и недостижимую.

Рене Магритт. Человеческий удел.

5 ПРИЧИН СТАТЬ ХУДОЖНИКОМ.

Принято считать, что дар свыше – это единственная причина, по которой люди начинают учиться рисовать. Дескать, не может он по-другому, и все тут. Бывает и такое, однако мой собственный опыт заставляет усомниться в этом постулате. Так сложилось, что меня с ранних лет окружают творческие люди - художники, фотографы, дизайнеры. И мне всегда было любопытно, что же движет людьми, которые занимаются творчеством. Пообщавшись с художниками, профессиональными и пока не очень, я, пожалуй, могу сделать некоторые обобщения.

Итак, на мой взгляд, существует 5 основных причин, которые заставляют людей браться за кисть:

- 1-я причина: Потребность в самовыражении, или, если точнее, в выражении эмоций. Эмоции – вообще неисчерпаемый источник творческой энергии. Такой способ общения с миром, наравне с устной и письменной речью. Кто-то пишет стихи, а кто-то картины. Обычно это начинается еще в детстве, и такой ребенок рисует всегда и везде – на стенах, в учебниках, на парте. Нередко с возрастом это проходит. Кроме, разумеется, тех случаев, когда человек выбирает творческую работу. Сейчас я часто ловлю себя на том, что не могу объяснить что-то, не имея под рукой карандаша и бумаги.
- 2-я причина: Потребность в уважении (и самоуважении). Хотя на словах декларируется, что труд любой у нас в почете, однако, что ни говори, а работа дворника и работа художника оцениваются обществом по-разному. Художник - человек необыкновенный, творческий, талантливый. Стать художником дано не каждому. К тому же, художник, при определенном везении, может добиться даже всемирной славы. А это очень весомый повод для уважения и самоуважения. Конечно, мало кто замахивается так широко, особенно в самом начале пути. Однако, со временем, количество работ неизбежно переходит в качество. И тогда живопись становится более личной, художник в буквальном смысле вкладывает в работу душу. А согласитесь, оценка твоей души задевает гораздо больше, чем оценка чисто технических навыков. Но и количество желающих покритиковать тоже возрастает, поскольку хорошие работы видит больше людей. Так что, мнение других может быть как побудительным мотивом для занятий творчеством, так и сдерживающим фактором.

- 3-я причина: стремление убежать от обыденности в красивую сказку. Это факт – кто-то хочет стать художником только из-за нежелания жить как остальные сознательные граждане. Скажем, ежедневно вставать рано утром и ехать на работу, где и проводить большую часть жизни. Художника же (в массовом сознании) окружает некий романтичный флер сопричастности высшим сферам. Он работает в своем ритме, причем не в офисе и не на заводе, а в уютной мастерской, в окружении прекрасных натурщиц, посещает выставки и музеи. А по вечерам (или по ночам) тусуется с такими же, как он, счастливыми представителями богемы. При этом современное искусство настолько лояльно, что допускает вообще все. Художнику даже не обязательно уметь рисовать, достаточно быть несколько эксцентричным и делать хоть что-то, что можно назвать «инсталляцией». Ну, я, конечно, немного утрирую. Но, при соблюдении некоторых условий и доли везения, эта картинка может стать вполне реалистичной. По крайней мере, я не вижу серьезных препятствий для ее воплощения в жизнь. Если, конечно, это именно то, что вам нужно.
- 4-я причина: деньги. Допустим, вы заметили у себя художественные способности и хотели бы зарабатывать, используя их. Вполне законное желание. Однако, как показывает практика, одних способностей к живописи здесь далеко не достаточно. Работа художника не так уж проста, часто неблагодарна. А конкуренция при этом огромна – художественный талант встречается гораздо чаще, чем принято считать. Поэтому, если хочется выглядеть не хуже прочих и получать заказы, приходится учиться и совершенствоваться постоянно. Хотя, это справедливо для любой профессии, конечно, если вы хотите добиться успеха в своем деле.
- 5-я причина: личностное развитие. Занятия живописью – прекрасный способ сделать свою жизнь ярче и насыщенней, к тому же они замечательно развивают разные нужные и полезные качества, например, такие, как внимание и воображение. Даже сам процесс обучения увлекателен и интересен. А когда начинает что-то получаться - этот кайф трудно с чем-то сравнить. В общем, если есть желание открыть в себе новые грани и найти новые возможности для самореализации – начните рисовать, я уверена, вам понравится.

Разумеется, это не полный перечень. И не всегда, принимая решение, человек руководствуется одной-единственной причиной, чаще всего их несколько. Хочется и денег, и славы, и отдушины от рутины. И это нормально, любая причина сама по себе кажется мне достаточно убедительной. Для меня значимыми (правда, в разной степени) были все 5 причин. А теперь я нашла еще и 6-ю. Но об этом как-нибудь в следующий раз.

А пока я предлагаю вам посмотреть, как отвечали на вопрос **«Зачем мне рисовать?»** читатели моего сайта.

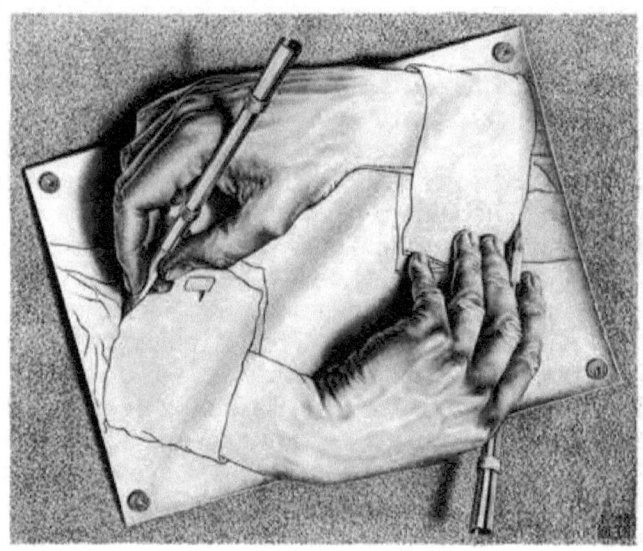

М. К. Эшер, "Рисующие руки"

ЗАЧЕМ УЧИТЬСЯ РИСОВАТЬ?

Алена: Для чего я хочу учиться рисовать?

Тут одну причину назвать трудно. Для самореализации — да, для работы — тоже да. Для развития, удовольствия. Для откапывания того, что однажды было зарыто и долго боялось напомнить о себе:) Для преодоления страха — «не могу». Для того, чтобы быть самой собой. Для того, чтобы дарить радость окружающим. Для того, чтобы чувствовать красоту и тонкость этого мира. Для того, чтобы нарисовать в себе людей, мир и открыть его по-новому.

Без подписи: Для чего я хочу научиться рисовать?
Детская мечта, которая до сих пор не дает покоя) Всегда хотела получить творческую профессию, чтобы работа была в удовольствие. В детстве не было возможности посещать худ. школу, следовательно ни о каком высшем образовании по этому направлению не могло идти и речи((А на данном этапе — это своего рода «потребность» души, разнообразить и раскрасить свою жизнь))))

Petr: Я хочу научиться рисовать для того чтобы понять «КАК ЭТО ДЕЛАЕТСЯ». Лет 10 назад я занялся трехмерной компьютерной графикой, но вскоре понял, что без знания основ никакой компьютер не поможет, ведь это же просто инструмент. Трехмерную графику я тогда забросил, так как не хотел быть «компьютерным художником». Но вот попал на ваш сайт и подумал — чем черт не шутит? Может получится? Помню в детстве мы по праздникам ходили в гости к родственникам. У них дома было четырехтомное издание карикатур Бидструпа. Я помню перед этими походами больше радовался возможности посмеяться с этих карикатур, а не тому что достанентся кусок торта) Так вот — я смотрел на эти карикатуры и думал — «как все просто!» Ведь такие несложные рисунки. Потом приходил домой и пытался что-то подобное воспроизвести, а получались какие-то зомби) Даже сейчас смотрю на его карикатуры и не понимаю, КАК ОН ЭТО ДЕЛАЛ)

Димон: Я рассматриваю рисование в первую очередь как мотив к личному развитию. Особенно для тех людей, у которых нестандартное видение окружающего, которым хочется мыслить вне рамок, расширять их. К тому же Рисование тесно переплетается с Дизайном, а все это вместе переплетается, например, с математикой. Недавно видел лекцию одного математика, которая (лекция) называлась математика и воображение. Одно дополняет другое.

Ну а ярким примером все этого лично для меня является Да Винчи.

Anna Volkova: А я вот все никак не могу определиться, то ли мне рисование нужно для моего вида деятельности, то ли для души. А ведь подход в этих случаях должен быть разный. Я же только на компьютере рисую, и мне кажется, что если бы я рисовала от руки (а тяги к этому у меня не было даже в детстве), то и векторные иллюстрации получались бы гораздо лучше. Вот я и решила пару лет назад чисто с практической точки зрения научиться рисовать. Так вот, и в художку для взрослых я ходила, и к частному преподавателю, и сама пыталась чему-то учиться по книгам, видео курсам, но всегда в итоге приходила к выводу, что это не мое. Что мне дают не то, что нужно, или вообще просто за меня рисуют.

А вот на днях была на мастер-классе по интуитивному рисованию и получила большое удовольствие просто от рисования. Рисовали пастелью, и я сразу понимала, что никак мне это в работе не пригодится. Поэтому расслабилась и рисовала, не думая, как эти умения потом на практике применить.

Просто для дела мне нужен карандашный рисунок, графика, а тут было просто рисование для души. Своего рода такая медитация. И даже получилось что-то!

Виктория, Ростов-на-Дону: Ответила «для души, для самореализации». Год прозанималась в художке, лет с 13, по глупости бросила, но чем больше времени проходит, тем сильней меня тянет рисовать. Наверно сказывается то, что мне трудно транслировать свои эмоции непосредственно, такой характер. Это какая-то волшебная дверца, навыка у меня нет, и рука слабая и неуверенная, но когда начинаю водить карандашом по бумаге — испытываю такое сосредоточение, словно падаю куда-то вглубь себя, мир вокруг отступает куда-то далеко и так спокойно становится, хорошо, какое-то даже вознесение я бы сказала, к каким-то важным вершинам:) Это от процесса ощущения, а могла бы я еще делать это хорошо, точно так, как хочу выразить... очень приятно неожиданностью была находка вашего блога, я постоянно ищу в интернете информацию, которая могла бы мне помочь начать, какие-то полезные советы. То, что нашла у вас меня очень вдохновило — все что может понабиться начинающему, и даже обратная вязь возможна. Это правда очень важно — советы и поддержка в начале пути. Теперь наконец мне легче принять решение начать и действовать. Спасибо вам, Александра!

Ladybloger: Я рисую просто для души. Потому что нравится сам процесс. А результат меня мало волнует. Художником стать давно уже не мечтаю. Во всяком случае — таким, который рисует кистями и карандашами. ☺

А ещё моей младшей дочке очень нравится рисовать. И мы с ней здорово проводим время вместе за рисованием.

Александр: Мой вариант «Для самореализации». Впрочем, самореализовавшийся человек - это счастливый человек.
Мне 26 лет. До 2003 года Я рисовал постоянно, мне нравилось это занятие, Я поступил в университет на худграф. Но по ряду причин, в этом же году я был призван в армию. Прошло два года, за это время желание рисовать приутихло. Пора было начать содержать себя самому. Заработанные деньги уходили на развлечения, далее свадьба, семья, ребёнок. И вот есть работа со стабильным заработком, хорошая семья. Но чувство, что чего-то не хватает, кружит вокруг меня. Я думал и пришел к выводу, что мне не хватает живописи! Этого чувства, когда под кистью проявляются мазки, линии, форма… Это то занятие, которым я люблю заниматься. Так почему же я перестал им заниматься?! Этот вопрос я задал себе этой осенью. И теперь намерен восстановить утраченные навыки и продолжать совершенствоваться в этом деле. И в недалёком будущем заявить о себе как о художнике, забывшем, кто он есть, но во время взявшим себя в руки! Занимайтесь любимым делом! ☺

Ольга: Здравствуйте! Давно хотела вам написать, и вот свершилось. Спасибо вам огромное за ваш сайт и за все, что вы делаете. Мне 47 лет, уровень моего навыка в рисовании остался на уровне 5-7-летнего ребенка. Всегда завидовала тем кто рисует. И вот случилось чудо! После знакомства с вашим сайтом и прочтением материалов, плюс ссылки, которые вы даете. Я начала рисовать!!! Семья моя в шоке от неожиданного поворота! Пока боюсь похвастаться вам. Буду продолжать работать:)) Еще раз спасибо! Удачи вам!

А уметь рисовать мне нужно для того, чтобы быть счастливой!

ГДЕ УЧИТЬСЯ?

Мария Башкирцева, "В студии"

Вопрос «куда пойти учиться?» не праздный, причем взрослые задаются им намного чаще, чем дети. Детям в этом смысле как-то проще, есть готовая и чуть ли не обязательная для всех схема: школа, училище, институт. Если же речь идет не о формальном образовании, а о развитии творческих способностей, этой схеме есть масса альтернатив. В этой главе я расскажу, где можно научиться рисовать, а так же какие есть преимущества и недостатки у разных способов обучения.

1. **Традиционное образование, или академическое.** Здесь предполагается обучение в художественных учебных заведениях – в школе искусства, затем в художественном училище, институте. На самом деле, эта «традиция» в масштабах истории довольно молодая. Первые академии начали появляться в Италии во 2-й половине XVI в, основным методом обучения там было копирование. В XVII в наблюдался бурный рост числа академий, случалось, что в «академии» был всего один преподаватель, и там не всегда систематически обучали

масляной живописи. Только в XIX веке художественная школа обрела современные очертания, а наряду с живописью там стали изучать и общеобразовательные предметы. Появился термин «академизм».

У этого способа обучения есть очевидные плюсы: обучение достаточно глубокое, с большим количеством практики и с разными преподавателями – нередко педагоги по рисунку и живописи сменяются каждый год. Это теоретически позволяет расширить возможности студентов, поскольку у каждого учителя своя манера преподавания. Еще важнее возможность находиться в благоприятной художественной среде. Ведь в институте вы учитесь не только (и не столько) у педагогов, но и у сокурсников, многие из которых талантливы. Из минусов – продолжительность, лет 6 – это минимальный срок для получения традиционного образования. Найти подработку студенту дневного отделения не просто, а расписание будет нагружено предметами, не все из которых могут показаться вам полезными. Но если у вас есть желание профессионально научиться рисовать – это один из лучших способов. Только выбирать стоит ВУЗ с историей, хорошо себя зарекомендовавший. И даже не столько ВУЗ, сколько педагога. Попасть к хорошему учителю – большая удача, и многие идут не в институт, а к определенному преподавателю.

2. **«Цех».** Способ профессионального образования, исторически сложившийся раньше, чем академическая школа. И неудивительно, художники в большинстве случаев были ремесленниками – не всем посчастливилось иметь достаточно средств, чтоб заниматься искусством не ради денег, а для собственного удовольствия, как, например, Босху. И сейчас есть немало возможностей учиться прямо на рабочем месте – везде можно найти художественные мастерские. Конечно, работать туда берут чаще всего с художественным училищем за плечами, но если вы уже знакомы с азами рисунка, и вам есть, что показать, шансы попасть на такую работу достаточно хорошие. Рисование, - эта та сфера, где умение важнее «бумажки».

Из плюсов – нет необходимости тратить время на изучение общеобразовательных предметов, полученные навыки вы сразу применяете на практике (и, следовательно, закрепляете). Вообще, большое количество практики – необходимое условие для успешного освоения чего бы то ни было, да вы и сами это знаете. Плюс зарплата – наверняка небольшая, особенно если вы работаете как ученик, но если ваша задача – научиться, то это тоже приятный бонус. Учитесь вы, конечно же, не у профессионального педагога, а у сотрудников – это минус. К тому же, ваши навыки будут скорее всего узко-специальными, но профессию вы освоите и рисовать на уровне выпускника художественной школы сможете.

3. **Студия.** Сейчас открывается немало студий, в которых учат рисовать взрослых. Иногда художники проводят занятия в своих мастерских. Если вы хотите развить в себе художественные способности и заниматься живописью как хобби, вам туда.

Плюсы обучения в студии: наличие квалифицированных преподавателей, возможность учиться в удобное время. Часто в студиях (или вне их) проводятся мастер-классы – занятия на несколько часов, призванные познакомить вас с определенной художественной техникой и показать возможности ее практического применения.

Вариантом студийного обучения может быть репетиторство – занятия с преподавателем один на один. Плюсы – гибкий график занятий, который выбираете вы сами. К тому же, внимание преподавателя не рассеивается на множество учеников, а направлено исключительно на вас. Минусы – более высокая цена обучения и отсутствие среды (помните, я упоминала о том, что учиться у других не менее важно, чем у педагога?).

Я намеренно рассматриваю здесь способы обучения в компании других людей. Наличие единомышленников само по себе создает благоприятную атмосферу для творчества. У них можно подсмотреть какие-то приемы и методы рисунка, напитаться новыми идеями. Да и просто подзарядиться творческой энергией.

И, разумеется, необходим хороший преподаватель – по крайней мере, на начальной стадии, чтобы поставить руку и дать представление об азах. Однако, есть и еще один вариант учебы – это самообразование. О том, какие книги подходят для самостоятельного обучения рисованию, следующая глава.

КАК УЧИТЬСЯ РИСОВАТЬ ПО КНИГАМ.

Многих начинающих художников волнует вопрос, можно ли научиться рисовать по книге? Ведь, зайдя в любой книжный магазин, вы видите огромное количество литературы на тему «как научиться рисовать».

Обучение в институте затрачивает много времени и сил, да и далеко не всем так уж нужно академическое образование. Групповые занятия в студиях могут быть дорогостоящими. Да и вообще, вариант учебы дома, в удобное время и в комфортной обстановке, кажется очень привлекательным.

Однако, когда вы твердо решили начать учиться самостоятельно, вы сталкиваетесь с достаточно серьезной проблемой. Это избыток информации. В любом художественном магазине вам предложат на выбор целую кучу обучающих книг, на все вкусы. И достаточно проблематично сделать выбор между «Пособием по техникам рисования» и «Настольной книгой художника» (а также еще десятком-другим наименований). Особенно начинающему.

Итак, на чем же остановиться?

Я делю книги по рисунку и живописи на несколько категорий:

1. «Рисуем нечто». Самый известный и популярный пример – Ли Эймис, «Рисуем 50...». Самые бесполезные, на мой взгляд, книжки. Обычно они содержат серию несложных рисунков. При

этом дается схема поэтапного копирования для каждого из них. Скопировать предложенные рисунки по схемам настолько просто, что с этим справится любой человек с нулевой подготовкой. При этом получившийся результат почти не будет отличаться от рисунка в книге, что дает иллюзию владения предметом. Заметьте, нет никаких гарантий, что вы сможете после такого обучения нарисовать что-то самостоятельно, не имея подробной схемы. Однако некоторая польза от этих книг все же есть. Во-первых, копируя, вы развиваете глазомер – главный инструмент художника. Во-вторых, это помогает организовать досуг – занять собственное свободное время или свободное время ребенка. Во всяком случае, я в детстве с удовольствием копировала такие картинки. И сейчас, будучи взрослой, я нашла им еще одно, собственное, применение. Я рисую подобные задания не основной, правой, а левой рукой. Зачем мне понадобилось развивать левую руку – отдельный вопрос, я бы не хотела сейчас на нем останавливаться.

Пример: Ли Эймис, "Рисуем 50..."

2. **«Техники, приемы и инструменты».** Книги, полезные в том случае, если вы хотите узнать больше о том, как работать с тем или иным материалом. Лучше, конечно, учиться у кого-то. Однако в таких книгах обычно собрано множество приемов, и редко художник использует и может показать их все. То есть, на мой взгляд, книгу стоит приобрести в том случае, если вы хотите подробнее узнать о свойствах и применении определенного материала. Причем, лучше смотреть книги узкой направленности, то есть, не живопись вообще, а, скажем, техники масляной живописи.

Пример: "Масляная живопись шаг за шагом", "Акварель для начинающих".

3. **«Учебники и пособия».** Специализированная литература для художников, содержащая, прежде всего, теорию. Это, например, законы перспективы, композиции, теория цвета. И, разумеется, анатомия. Все это изучается в художественных институтах на обязательной основе. Так что, если вы настроены серьезно, неплохо было бы познакомиться хотя бы с основами. Конечно, покупать это все не обязательно, такие книги можно найти в любой библиотеке. Единственное, что я рекомендовала бы иметь под рукой, это «Анатомия для художников» (например, Ене Барчаи). Но не для копирования и срисовывания, а именно как справочный материал, чтобы сверяться, когда возникнет такая необходимость.

Пример: «Искусство цвета», Иоханнес Иттен; любые учебники для художественных ВУЗов по теории перспективы, композиции и т. д.

4. **«Альбомы».** Сборники иллюстраций и репродукций известных художников. Очень ценный материал для изучения. Я бы рекомендовала собрать подборку любимых авторов, если вы этого еще не сделали, и время от времени возвращаться к ним. Я предпочитаю именно альбомы, хотя у меня есть иллюстрации и в компьютере, и вот почему. Печатные альбомы, помимо иллюстраций, часто содержат статьи: биографию художника и описание его работ. Я считаю важным не только смотреть, но и читать про картины. Искусствоведы обращают внимание на те детали, которые простой зритель может не заметить.

"От Веласкеса я узнал о свете, лучах и зеркалах больше,

чем мог бы узнать из сотен увесистых научных книг".

Сальвадор Дали

Пример: "Мастера мировой живописи".

Ну, и в заключение, перед тем, как идти в книжный магазин, нужно честно себе ответить на вопрос, способны ли вы к самообразованию.

Я вполне серьезно. Что бы вы ни решили изучать, самостоятельное обучение – это, прежде всего, самодисциплина. Довольно трудно заставлять себя делать что-то систематически и не забросить занятия после первой же неудачи (а самые первые рисунки редко бывают удачными). Если у вас есть уже успешный опыт самостоятельного изучения чего-то, или вы уверены, что справитесь, то вполне можно попробовать.

А МОЖНО ЛИ НАУЧИТЬСЯ САМОСТОЯТЕЛЬНО И БЕСПЛАТНО?

Фото на пленере в походе

Безусловно, очень многие творчески настроенные люди по разным причинам не имеют возможности учиться в специальных учебных заведениях. Может быть, подходящего ВУЗа просто нет в обозримом географическом пространстве. Или расписание занятий на имеющихся курсах совпадает с рабочим графиком.

К сожалению, и книги не всегда оправдывают ожидания, поскольку могут или не содержать полезной информации или быть ей настолько переполненной, что непонятно, как один человек сможет это все усвоить.

Как же быть, и как учиться, если описанные выше способы не подходят?

Для многих поиски ответа на этот вопрос ограничиваются интернетом, в котором просто море "уроков рисования бесплатно". Это в подавляющем большинстве рисунки для поэтапного срисовывания.

Скажите, если вы уже пробовали так учиться, вас устраивает результат?

Я, например, совершенно не представляю, как можно с помощью рисунков на тему "как нарисовать глаз" или "как нарисовать губы", хоть на шаг приблизиться к рисованию портрета реального человека.

Итак, вопрос "как научиться?" остается открытым.

В действительности, ответ на него есть, и он настолько очевиден, что далеко не все его почему-то видят. Даже если вы не посетили ни одного занятия в студии и не купили ни одной книжки, вы можете научиться рисовать абсолютно бесплатно. И это не так сложно, как кажется, не нужно ни особого таланта, ни мастерской, ни берета с трубкой и прочего антуража.

Как? Если вы еще не догадались, ответьте на вопрос: как научиться готовить? А как научиться водить машину? Как научиться вязать?

Книги и учителя, это, конечно, хорошо, но недостаточно. Есть только один, 100% работающий способ чему-то научиться. Просто брать и делать это, причем регулярно.

Для начала попробуйте завести блокнот и карандаш и всегда носить их с собой. Делать наброски, - очень хорошо, кстати, рисуется в метро или в электричке. Копировать рисунки из книг, из журналов. Это и будут самые эффективные уроки рисования бесплатно. Результат не заставит себя ждать, поверьте. Заодно проверите, действительно ли это вам нужно.

Я видела студентов (художников, разумеется), которые жаловались, что не смогут научиться рисовать, поскольку слишком мало занятий в расписании, времени не хватает, а преподаватель достался не тот. Но при этом они пропускали занятия, а если приходили, то половину отведенного времени передвигали мольберт и точили карандаши. Самые одаренные в деле отлынивания способны были растянуть работу над одним рисунком на полгода... И я думаю, что они действительно не смогут научиться, и ни один, даже самый лучший, преподаватель им не сможет помочь.

Есть расхожее утверждение, что гений отличается от просто способного человека только одним - временем, затраченным на развитие этих способностей. Гениальный музыкант репетирует в 10, в 100 раз больше. И это действительно справедливо. То же можно сказать и про спортсменов, и про художников. И, если планка гениальности кажется слишком высокой, то уровень хорошей художественной школы достижим для каждого!

ПЕРЕД ТЕМ, КАК НАЧАТЬ – ТЕСТ НА ЗРИТЕЛЬНУЮ ПАМЯТЬ.

Я хочу предложить вам один очень простой тест, не требующий серьезных затрат времени и сил.

Итак, внимательно посмотрите на эту фотографию. Потом закройте ее листом бумаги и читайте далее.

А теперь, не заглядывая снова в фото, ответьте на несколько простых вопросов:

- о Сколько человек на фотографии?
- о Есть среди них дети?
- о Во что они одеты?
- о Есть кто-нибудь в очках?
- о А в каске?
- о На земле где-то лежит снег?

- Или там наоборот, лето и цветы?
- На фото есть птицы?
- По реке что-нибудь плывет?
- Как выглядит берег – он крутой, пологий, каменистый?
- Сколько человек стоят прямо, а сколько наклонились?
- Может, кто-нибудь сидит?
- Как выглядит их транспортное средство?

Ну, наверное, достаточно. Справились?

Вообще, смысл задания - показать, насколько мало мы используем зрительную память, как мало обращаем внимания на мелочи и детали, которые кажутся незначительными. Женщины много внимания уделяют внешнему виду, но много ли есть мужчин, способных вспомнить, во что была одета женщина, с которой он попрощался 5 минут назад?

Запоминается, как правило, только то, что показалось интересным. Так вот, для художника нет не интересных деталей. Важно учиться не только смотреть, но и видеть, в том числе то, на что обычно не обращают внимание, - на форму тени, на то, с какой стороны падает свет, что расположено близко, а что далеко, какие цвета и как они взаимодействуют между собой. Все эти мелочи в равной степени важны.

Итак, подведем итог:

- Если вы хотите научиться рисовать, половину времени отведите на то, чтобы как следует рассмотреть и изучить натуру, и только половину на сам рисунок.
- Следовательно, никогда не начинайте рисунок, если у вас мало времени. Относитесь к рисованию как к медитации - создайте обстановку, которая будет способствовать сосредоточенности и концентрации внимания.

Сравнение с медитацией не случайно, это действительно особое состояние сознания, и сбить его легко может некстати раздавшийся телефонный звонок. То есть, не стоит сидеть и ждать, когда снизойдет вдохновение, надо создать условия и начать рисовать. И тогда, спустя какое-то время, вы заметите, что вдохновение будет приходить само, как аппетит во время еды.

КАК ОРГАНИЗОВАТЬ ТВОРЧЕСКУЮ МАСТЕРСКУЮ В МАЛЕНЬКОЙ КВАРТИРЕ?

Вопрос, актуальный в том числе и для меня. Все художники мечтают о собственной мастерской, но есть она у единиц.

Зато у многих есть дефицит квадратных метров, которые хочется использовать как-то рационально.

Хочу сказать, этот дефицит - вовсе не повод отказываться от занятий творчеством. В студенчестве мы с мужем несколько лет жили в комнате площадью 4-5 кв. м. При этом на подачу каждого проекта в институте было необходимо отрисовать 8-10 планшетов метр на метр. И временами мне удавалось полностью подготовить подачу в нашей крошечной комнате.

Конечно, в это время там был полный разгром...

Теперь у меня жизненное (оно же рабочее) пространство чуть больше, но тенденция та же: стоит **начать рисовать**, как краски, карандаши и прочие необходимые вещи занимают всю имеющуюся площадь. Они раскладываются на полу, на столах, на кровати, в общем, везде, куда можно дотянуться. Наверное, выражение **"Творческий беспорядок"** возникло не случайно.

В общем, для меня вопрос организации **домашней художественной мастерской** звучит скорее как *"куда это все спрятать к моменту появления домочадцев?"*. Чтобы старшие члены семьи не спотыкались о мои краски, а младшие не утянули их себе.

Несколько идей на эту тему у меня есть, возможно, они могут пригодиться кому-нибудь еще.

1. Очень полезная вещь для художника **мольберт**. Хотя, можно, конечно, обойтись и без него.

Стандартный "школьный" **мольберт** (вроде того, что вы видите в левом верхнем углу сайта) складывается книжкой и в нерабочее время стоит где-нибудь за дверью. Сделать его несложно и самостоятельно. Моему племяннику такой собрал по просьбе мамы учитель труда - то ли бесплатно, то ли за какую-то символическую сумму.

Но если пока заводить мольберт кажется преждевременным, его роль вполне может играть обыкновенный стул. Ставите на него планшет с бумагой, садитесь напротив на другой стул и рисуете. Или можно поставить один край планшета себе на колени, а другой опереть о край стола.

Под планшетом я подразумеваю любую досочку, лист плотной фанеры или кусок оргалита, да хоть полку от старого шкафа - все, к чему можно прикрепить лист бумаги.

Не так давно я заказала себе вот такой складной мольберт:

Он мне страшно нравится: легкий, устойчивый, регулируется по высоте, а главное - собирается в небольшую сумку. Места в моей «домашней мастерской» не занимает вообще. Жду тепла, чтобы испытать его "в поле", то есть, на пленере.

На чем рисовать, разобрались, возникает вопрос: "**где хранить рисунки?**". Особенно это актуально, когда рисунки большого формата. Сворачивать их в рулон категорически не советую - полежав свернутой денек-другой, бумага решает принять эту форму навсегда, распрямить ее обратно будет не так просто.

В студенческие годы муж мне сколотил для рисунков примерно такой ящик:

Он долгое время стоял у стенки, пока не стал мал. Но вообще, тоже не самый лучший вариант, поскольку рисунки начинают проседать под собственным весом. Поэтому, желательно все же хранить работы в горизонтальном положении. Самое простое - в папку и закинуть куда-нибудь на шкаф.

Но сейчас ведь можно сделать любую мебель по своему проекту. Я, когда рисовала шкаф для себя, предусмотрела несколько полок наверху специально для хранения бумаг:

Тема мебели вообще неисчерпаема, если подходить творчески, можно организовать свое пространство очень удобно.

Смотрите, например, в какой замечательный уголок рукодельницы можно превратить старый компьютерный стол:

Найдено на сайте good-decor.ru

Кстати, обратите внимание, боковые поверхности стола тоже используются, с одной стороны там крепится самодельный органайзер для предметов, необходимых под рукой, а с другой стороны чашка с кисточками. Очень удобно, на мой взгляд.

Еще мне понравились в этом уголке чемоданы!

У меня всякий художественный хлам хранится в коробках из-под обуви, и это, конечно, не самое эстетичное решение. Надо бы их заменить, и тут я рассматриваю 2 варианта.

1-й - в магазинах типа Икеи можно найти прозрачные ящики, которые можно штабелировать, то есть, собирать "башенкой". Примерно такие:

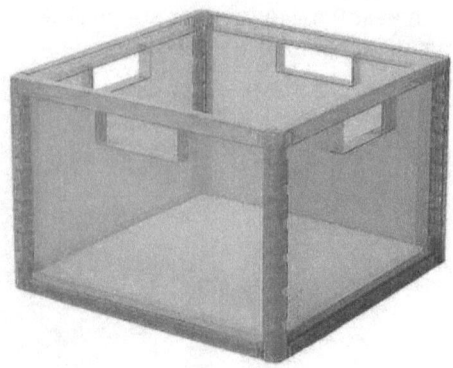

Мне кажется, в таких ящиках удобно хранить всякие художественные принадлежности, а при необходимости быстро найти нужное.

И 2-й вариант, - ящик для рабочих инструментов. Они продаются в хозяйственных и строительных магазинах, по размеру и по цене бывают самыми разными. Выглядят примерно так:

Сверху там съемное отделение для всяких отверток (в смысле, для карандашей и кисточек), в сам ящик можно ссыпать тюбики с красками, а в крышке отсеки для мелочей типа кнопок. По-моему, просто здорово!

И еще нашла вот такое замечательное решение для творческих, но очень скрытных натур (изготавливается самостоятельно):

Ну, и, напоследок...

Встретилась мне одна картинка... Ситуация до боли знакомая:

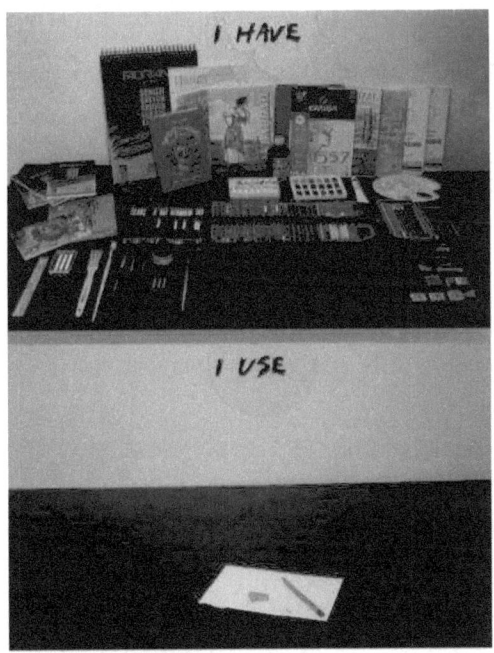

Автор фото: arttechies.livejournal.com

Смотрю и думаю: "Может быть, мастерская мне не так уж и необходима"?

ИНСТРУМЕНТЫ И МАТЕРИАЛЫ.

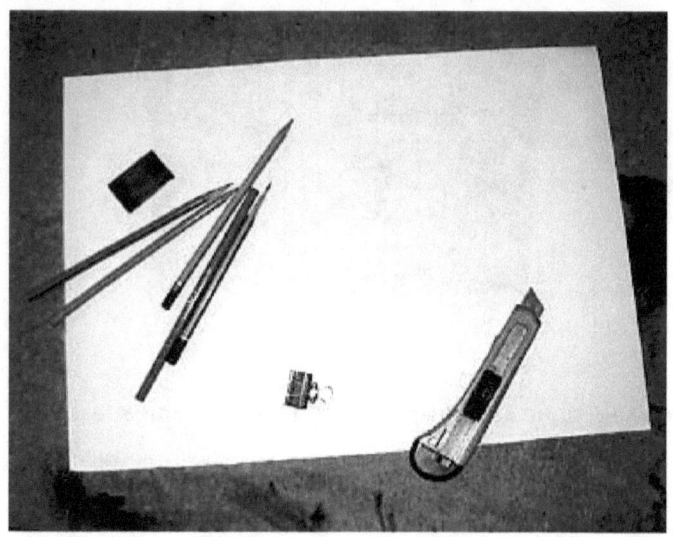

Все самые необходимые материалы для рисования вы видите на фото. Коротко поясню:

Бумага. Ватман, формат в зависимости от задачи. Но лучше не меньше А3, если вы, конечно, не рисуете миниатюру, открытку или иллюстрацию. Кто-то вообще предпочитает целый лист ватмана. В принципе, оптимальным размером для классического учебного рисунка мне кажется А2.

Планшет (подойдет доска или лист пластика или не слишком тонкой фанеры) - то, на что крепится лист.

Зажимы или кнопки, может быть малярный скотч для закрепления бумаги на планшете.

Несколько карандашей различной твердости, я советую для начала рисунка брать твердые (2Н- Н), а мягкие оставлять для финальной проработки.

Канцелярский ножик - точить карандаши.

Формопласт. Очень интересная штука, используется вместо ластика, но при этом не стирает полностью, а только облегчает карандашный тон. Главное преимущество перед ластиком - он не портит бумагу и не удаляет лишнее. Продается в художественных магазинах. Предупреждаю - формопласт растворяет пластмассу, поэтому хранить его лучше не в пластиковом пенале, а, например, завернутым в бумагу.

Вроде все! Еще могут понадобиться:

Ластик - только не злоупотребляйте! У начинающих художников (например, у студентов) иногда появляется прямо-таки маниакальное желание стирать и перерисовывать каждую линию, пытаясь довести ее до идеала. Поверьте, рисунок от этого становится только хуже! Ластик нужен не для того, чтобы им стирать, а чтобы им рисовать - например, блики.

Мольберт - вещь крайне полезная, если вы намерены посвятить рисунку много времени. Если нет - можно, в принципе, обойтись и без него. Хотя мольберт достаточно просто сделать из толстой фанеры, брусков для ножек и пары дверных петель.

Блокнот для зарисовок, можно небольшого формата. Его полезно носить с собой и делать наброски - с людей, зданий, растений - во-первых, так вы тренируете глаза и руки, во-вторых, у вас накапливается материал для будущих работ.

Никогда не понадобятся: механические карандаши и точилка. Конечно, дело вкуса, кто-то прекрасно рисует механическим карандашом, но я, как преподаватель, рекомендую для обучения рисунку обычные кохиноровские.

О том, почему не нужна точилка и как правильно точить карандаш, читайте в следующей главе.

КАК ТОЧИТЬ КАРАНДАШИ.

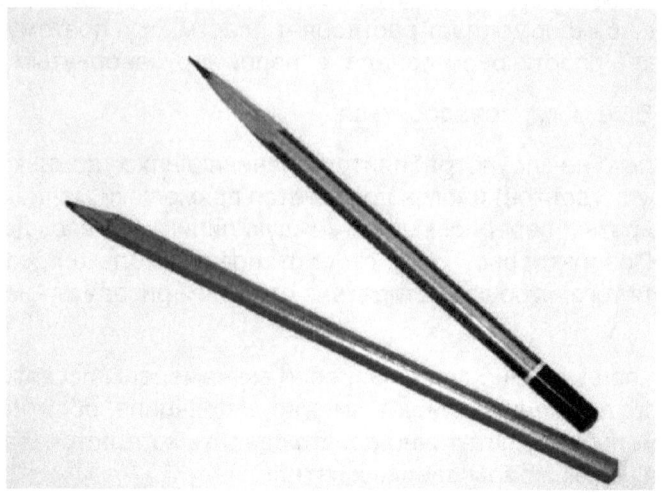

На картинке вы видите 2 карандаша, один заточен канцелярским ножиком, другой - точилкой. И один из них заточен правильно. Попробуйте угадать, какой?

Почему преподаватели по рисунку в первую очередь учат точить карандаши? Потому что то, как наточен карандаш, серьезно влияет на ход работы. Сравните эти два варианта.

Нижний карандаш - наточен точилкой, выглядит как широкий конус. Грифель короткий, острый кончик во время рисунка моментально сточится - значит, придется точить карандаш каждые 5 минут. И потом, при быстром рисунке рубашка карандаша будет все время цепляться за бумагу - пока это не критично, но при росте навыков вам это будет здорово мешать.

Второй карандаш - длинный острый грифель (можно оставлять длиннее, чем на фото) и длинный срез рубашки. Можно грифель довести до идеальной остроты с помощью кусочка наждачной бумаги.

Такой способ заточки вызван соображениями удобства для художника. При академической манере рисования карандаш находится под небольшим углом к бумаге, то есть, рисуете вы не самим острием, а его краешком. Таким образом, карандаш постоянно сам затачивается о бумагу, кончик всегда остается острым.

Это важно, острие используется в рисунке не постоянно, а для нанесения точных штрихов и проработки мелких деталей. Кроме того, можно для рисунка использовать боковую поверхность грифеля, что иногда тоже бывает необходимо. Длинный срез рубашки помогает беглости рисунка - при любом произвольном угле наклона карандаша дерево не будет задевать бумагу.

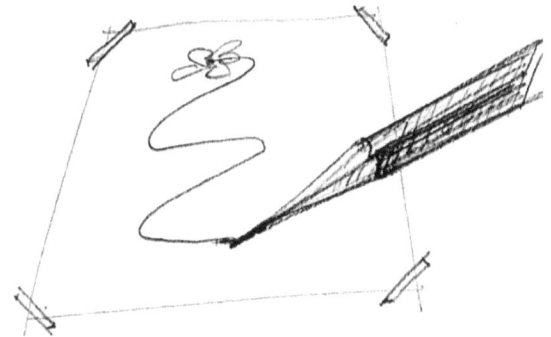

ДЕРЖИМ КАРАНДАШ ПРАВИЛЬНО.

В рисовании наиболее часто используются два основных способа держать карандаш. Назовем их условно "для письма" и "за хвост". В этой главе я хочу рассказать, как выглядят эти позиции и для чего используются.

Самый привычный нам всем способ держать карандаш, намертво усвоенный в школе и институте, это позиция "для письма". Вот как это выглядит:

Думаю, долго объяснять не надо - точно так же вы держите ручку, когда что-то пишете. Угол между карандашом и бумагой здесь почти прямой.

Именно так новички стараются держать карандаш, однако в классическом рисовании эта позиция используется только для определенных задач. Это, прежде всего, проработка мелких деталей, которая проводится уже на финальной стадии работы. Также позиция "для письма" годится для некоторых видов штриховки. То есть так стоит держать карандаш только тех случаях, когда требуется высокая точность, обычно уже на практически законченном рисунке.

- **Важно:** *когда вы рисуете карандашом в позиции "для письма", необходимо защищать бумагу. Ребро ладони лежит прямо на листе, и когда вы двигаете рукой, вы непроизвольно растираете готовый рисунок. В результате, на бумаге появляются некрасивые пятна, от которых потом очень трудно* *избавиться. Для того, чтобы этого не происходило, стоит подложить под ладонь листочек чистой бумаги. Кроме того, можно использовать муштабель - специальное приспособление, придерживающее руку над картиной.*

Вторая, наиболее широко использующаяся в классическом рисовании, позиция карандаша выглядит так:

Я называю этот способ держать карандаш "за хвостик". Угол наклона карандаша к рисунку острый, иногда они могут быть практически параллельны друг другу. Держа карандаш таким образом, вы можете намечать основные контуры, пропорции, штриховать, набирать тон. При этом кисть не касается бумаги и не размазывает рисунок. Эта позиция универсальна, поскольку карандаш лежит в руке свободно и им легко манипулировать.

В этой позиции важно следить, за тем, чтобы движения руки не были скованными, оставлять себе пространство для маневра и ни в коем случае не вцепляться в карандашик мертвой хваткой. И тогда он будет легко летать по бумаге.

Это, конечно, не единственные два варианта. Поэкспериментируйте с линиями, со штриховкой. Может быть, вы найдете свой собственный способ держать карандаш, подходящий лично вам. Я считаю лучшим итогом обучения - когда вы о карандаше просто забываете, то есть он становится как бы продолжением руки - тогда он двигается непринужденно, а рисунок получается живым и свежим.

КАК РИСОВАТЬ, ЗА СТОЛОМ ИЛИ ЗА МОЛЬБЕРТОМ?

Мне недавно пришел на почту такой вопрос: "Как лучше рисовать, за столом или за мольбертом?"

Если честно, вопрос меня озадачил. Я поняла, что вертикальное положение листа при рисунке стало для уже настолько привычным, что я воспринимаю его как само собой разумеющееся. И мне даже не приходило в голову, что многие рисуют, сидя за столом. У этого способа рисовать есть существенный минус, поэтому я решила написать об этом в отдельной главе.

РИСУЕМ ЗА СТОЛОМ.

Здесь и далее рисунки Херлуфа Бидструпа

Когда бумага лежит перед вами горизонтально, то есть, на столе, то, что на ней нарисовано, вы видите в перспективе, то есть, искаженно.

Допустим, вы положили перед собой лист бумаги и рисуете на нем круг и квадрат (на иллюстрации лист на столе изображен в перспективе, так, как вы его видите):

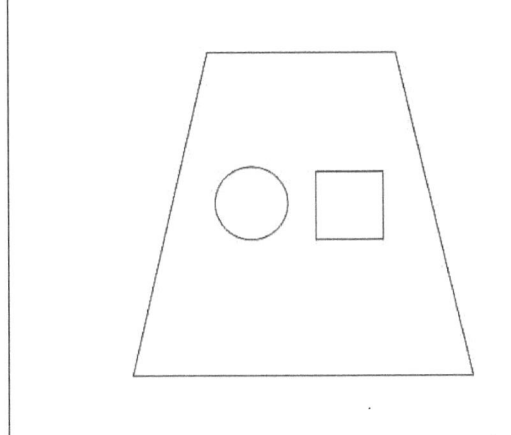

То есть, вы думаете, что это круг и квадрат. А когда разворачиваете рисунок прямо, то оказывается, что нарисовано на нем вот что:

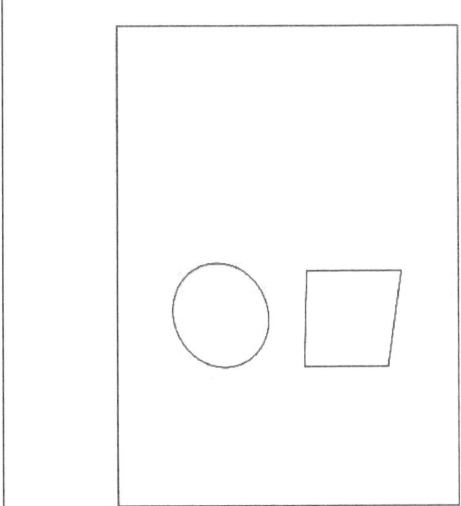

Ну, круг и квадрат - формы простые, привычные. Можно легко заметить ошибку и исправить. А если нарисовано что-нибудь посложнее, часто, глядя на законченный рисунок, возникает странное чувство, будто что-то не так, но вот что именно?

Или, к примеру вы рисуете портрет. Допустим, такой:

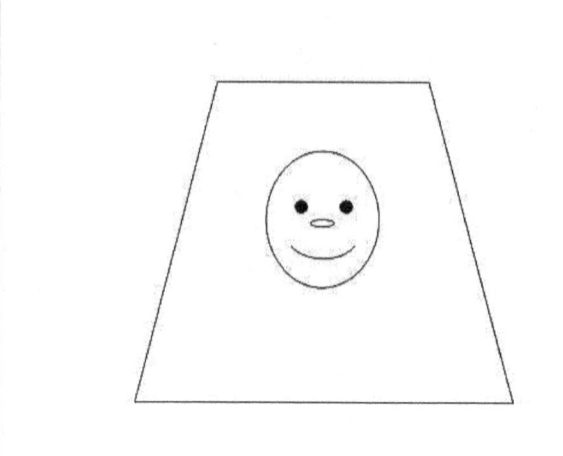

А когда вешаете портрет на стену, видите, что на нем изображен совсем другой человек (плюс, композиция съехала куда-то вниз):

И вы не можете понять, как же это произошло?

Это, конечно, не значит, что рисовать сидя за столом, нельзя. Но я бы советовала, во-первых, брать бумагу небольшого формата (не больше А4 - альбомного листа). Во-вторых, когда будете рисовать, время от времени ставить лист вертикально и смотреть, не поплыла ли форма. Тогда перспективных искажений вполне можно избежать.

РИСУЕМ ЗА МОЛЬБЕРТОМ.

Мольберт предпочтительнее для более-менее больших рисунков. Ну и традиционно, для живописи. Никому же не придет в голову натянутый холст положить на стол и так писать?

Мольберты бывают разные, но существенное отличие между ними одно: за одними мольбертами нужно рисовать сидя, за другими - стоя. Мне, как преподавателю, больше нравятся мольберты, перед которыми приходится стоять. И не потому, что я люблю мучить учеников. Просто, когда стоишь, удобнее отходить от работы и смотреть со стороны. Это тоже нужно для самопроверки. Дело в том, что расстояние между работой на мольберте и художником не больше полуметра, а ошибки часто видны только на расстоянии.

На каком расстоянии? Нужно, чтобы весь изображение целиком попадало в поле зрения (о поле зрения подробнее я напишу в одной из следующих глав). Лучше всего рисунок будет восприниматься на расстоянии, равном его 1,5-2 диагоналям. То есть, если вы пишете картину 50*70 см, у вас должна быть возможность отойти назад хотя бы на 1,5 (а лучше, 2) метра.

РИСУЕМ НА ПЛАНШЕТЕ - КОМПРОМИСС.

И третий вариант - если покупать мольберт дорого (или места в квартире для него не достаточно), а за столом рисовать неудобно, можно использовать планшет. В принципе, не обязательно нужен именно планшет, это может быть любая доска, лист фанеры, или даже просто книжка большого формата. В общем, что-то, к чему можно прикрепить лист.

Планшет по размеру должен быть больше, чем лист бумаги. Если вы любите рисовать сидя, можно поставить его на колени, другой край опереть о край стола, и так рисовать. Или взять 2 стула, на одном сидеть, а на другой установить планшет - я в последнее время в основном так и поступаю, когда не хочется устанавливать мольберт. И, аналогично, нужно время от времени ставить планшет строго вертикально и отходить, чтобы взглянуть на рисунок на расстоянии.

ПРЯМЫЕ ЛИНИИ.

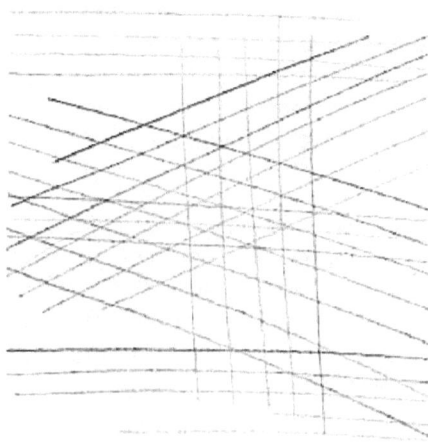

Рисование прямых - первое, на чем спотыкаются в начале обучения. Особенно, если учиться рисованию традиционно, начиная с гипсовых примитивов - кубов, цилиндров, параллелепипедов. Да и без геометрических фигур вокруг множество прямых линий - кухонная утварь, книги, очертания мебели, стены комнаты, здания - сплошное сочетание прямых линий, пересекающихся под прямым углом. Даже в круглых кувшинах и тарелках, даже в портретах необходимо прорисовывать оси симметрии, иначе форма может "поплыть".

Рисовать прямые линии на самом деле очень просто, если вы знаете, как держать карандаш и какие движения делать.

Школьники, с которыми мы начинали рисовать (начинали с кубика, как вы, может быть, догадываетесь), делали обычно так: брали карандашик как ручку и очень старательно вырисовывали контуры куба. Контуры получались криноватыми, их стирали ластиком и рисовали снова. И снова стирали. И так далее. В результате, на рисунок, который можно сделать за час, тратилось невероятно много времени, не говоря о том, что выглядел он очень замученным... Это, если у человека оставались силы закончить.

Скажу по секрету, нарисовать ровную линию таким способом без линейки, не то, чтобы невозможно, но трудновато.

Можно сделать это проще.

Для начала встаньте прямо и попробуйте безо всякого карандаша, ладонью или даже пальцем провести линию в воздухе перед собой, примерно на уровне глаз. Движение должно быть широким и быстрым. Нарисуйте несколько таких прямых в разных направлениях. Вы чувствуете, как двигается рука? Импульс идет от плеча, кисть не крутится. Запомните это движение.

Теперь можно попробовать на бумаге. Лист лучше закрепить вертикально, как на мольберте. Карандаш возьмите за хвостик, как я показывала выше. Когда вы берете карандаш таким образом, он как будто становится продолжением руки. И рисуем прямые линии тем же широким и быстрым движением от плеча. Не стремитесь к идеально ровным, как по линеечке, прямым. Важно закрепить правильное движение - чем увереннее будет двигаться рука, тем уверенней будут линии.

Точно так же можно штриховать, причем направление штриховки очень легко поменять.

Если говорить о контурах какого-то прямоугольного предмета, то вряд ли вы их точно нарисуете прямо с первой попытки. Но это не значит, что придется стирать и перерисовывать. Для того, чтобы найти точное положение, возможно придется нарисовать в одном месте десяток линий приблизительных. Не стирайте их! Если вы используете твердый карандаш и не слишком на него давите, лишние линии просто становятся частью штриховки. А если нужна четкая грань - точно найденную прямую линию можно будет потом подчеркнуть более мягким карандашом.

ПРАКТИЧЕСКОЕ ЗАДАНИЕ: РИСУЕМ КУБ.

Начнем ab ovo что в нашем случае означает с куба.

Вы, должно быть, знаете, что традиционно самое первое и самое простое задание по рисунку - это нарисовать куб. Задание действительно самое простое, но уже при его выполнении можно сделать массу ошибок (которые в дальнейшем переползают в более сложные постановки). Поэтому, скучное и неинтересное задание на самом деле очень полезно выполнить. Тем более, что скучным оно будет только в том случае, если рисовать долго. Поэтому постарайтесь не растягивать удовольствие, лучше будет сделать рисунок за пару-тройку часов.

Рисовать, разумеется, лучше с натуры, так что, если вы не рисуете куб в учебном заведении, можно его просто склеить из листа ватмана. Оптимальный размер стороны 18-20 см. Готовый кубик нужно поставить на стул или стол, который предварительно можно накрыть серой нейтральной тканью. Красивые складки выкладывать не обязательно (даже не желательно), для начала наша задача разобраться с простой геометрией. Источник света традиционно находится слева и сверху, лучше свет натуральный, то есть от окна. Но если на улице темно, лампа тоже годится. Осталось выбрать себе место и начать!

На выборе места, кстати, хотелось бы остановиться отдельно. Во-первых, не стоит слишком приближаться. Посмотрите, какого примерно размера то, что вы будете изображать (не сам куб, а все, что попадает в кадр - вместе с краем стола и драпировкой).

Расстояние от изображаемых предметов до художника должно быть в 2-3 раза больше размера этих предметов.

Это справедливо для любой постановки, будь это натюрморт или человек. Объект должен попадать в поле зрения целиком, так, чтобы его увидеть, не приходилось крутить головой. Мольберт или доску нужно поставить также с расчетом на то, что она не будет закрывать обзор. В идеале вы можете видеть рисунок и натюрморт одновременно и только переводите взгляд с одного на другое, почти не поворачивая головы.

Кроме того, желательно выбрать место так, чтобы вы видели 3 грани кубика (то есть, смотрите на него не в лоб, а сбоку). Все же 3 грани дают лучшее представление о форме, чем 2.

Боковые грани куба (как и край стола) в рисунке не должны быть параллельны краю листа - это не слишком хорошо воспринимается в готовой работе. Интереснее, когда задано направление, так в рисунке появляется динамика.

Итак, установили кубик, выбрали место. Сели. Начнем?

На первом этапе вы просто намечаете положение в листе. В случае с кубом (и любым другим неодушевленным предметом в количестве 1 шт.), вы располагаете его так, чтобы справа и слева расстояние до края листа было одинаковым, а сверху пространства оставалось немного больше, чем снизу. На сколько больше? На глаз. Или читайте главу про композицию.

Далее, в тонких линиях намечаются грани, важно не забывать про линейную перспективу. В данном случае это означает, что вертикальные линии в рисунке будут параллельны друг другу, остальные должны сходиться на горизонте. Линию горизонта найти достаточно просто, она всегда находится на уровне глаз. То есть, высота линии горизонта величина не постоянная и зависит от того, лежите вы, стоите или залезли на стремянку. Не стоит брать слишком высокий или слишком низкий горизонт. В первом случае будет впечатление вывернутости и искаженной перспективы, во втором - верхняя плоскость будет или вообще не видна, или так сильно сократится, что будет трудно ее рисовать.

- *Более подробно о перспективе вы можете прочитать в соответствующей главе.*

Не нужно стараться рисовать идеально ровный куб. Мы только намечаем грани, далее линии построения будут уточняться.

Следующий и заключительный этап - светотеневая моделировка. Если вы не уверены в отличном качестве штриха, набирайте тон постепенно, твердым карандашом, постепенно меняя на более мягкие. Не штрихуйте каждую часть отдельно, золотое правило художника - работа на каждом этапе может быть остановлена. То есть, карандаш летает по всему рисунку, тон накладывается равномерно.

Не старайтесь штриховать строго по форме, направление штриховки не так принципиально. На данном этапе ваша задача - набрать тон.

По мере проработки тоном становятся видны ошибки в построении, уточняем направление и положение граней.

Выравниваем тон. Очень полезно по ходу работы отходить и смотреть на рисунок издалека. Так можно заметить ошибки, которые не заметны "в упор". Снова уточняем положение граней куба.

Чтобы работа выглядела выразительней, можно добавить контраста. В рисунке самый яркий контраст лежит там, где предмет приближается. В нашем случае - это ближний к нам угол куба. Вот и все, действительно очень просто. Результат может быть приблизительно такой:

Для самопроверки можно провести диагонали куба - как известно, диагонали должны пересечься в одной точке. Для перспективы это правило также справедливо.

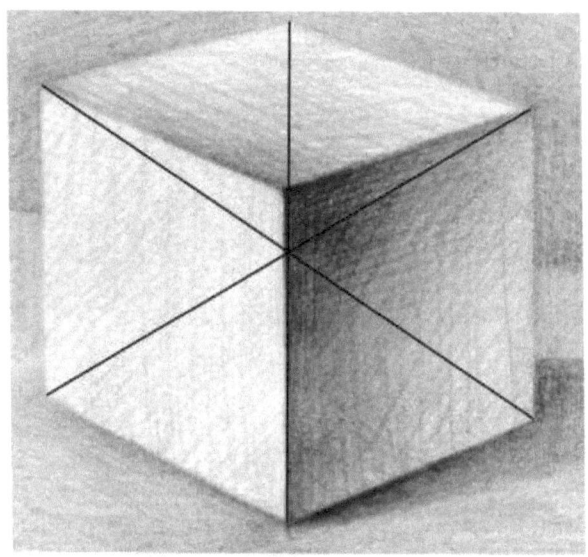

Разумеется, все, что написано выше относится не только к рисованию куба. Просто куб - самый подходящий пример для иллюстрации и самый простой предмет в исполнении для начала.

Если получилось, можно переходить к более сложным предметам.

ОТКУДА БЕРЕТСЯ ОБЪЁМ?

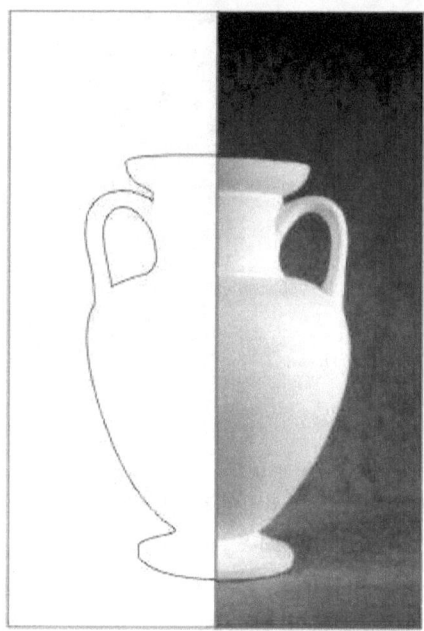

Как вы понимаете, чтобы рисунок был реалистичным, нужно не только правильно построить предметы, но и придать им объем.

Поскольку все что мы видим - это световые лучи, отраженные от предметов, степень реалистичности рисунка зависит прежде всего от распределения на нем света и тени. То есть, объем и форму предмета мы воспринимаем только в том случае, когда объект освещен. На круглой поверхности свет распределяется иначе, чем на плоскости. Если у тела выражены грани - переходы от света к тени будут четкими, если форма сглаженная - плавными.

Кроме того, на распределение светотени влияет фактура (бархат и стекло отражают свет по-разному), удаленность источника света, его направленность и интенсивность (представьте, какие тени от костра или свечи, и как выглядят предметы при дневном свете), а также удаленность самого предмета - вдали тени будут более размытыми, а контраст не таким ярким.

Итак, речь пойдет о светотеневой моделировке.

В тональном рисунке выделяют следующие составляющие: свет, блик, полутона, тень и рефлекс. Это именно те выразительные средства, с помощью которых художник передает объем предмета. От того, как распределяются эти элементы светотени на рисунке, зависит восприятие формы и объема изображенных предметов.

Свет - ярко освещенная поверхность. Однако, как бы ярко она не была освещена, свет все равно тонируется, хоть и достаточно легко. Чтобы определить, насколько интенсивной должна быть штриховка, можно поставить, например, в натюрморт, лист белой бумаги для сравнения.

Блик - светлое пятно на освещенной поверхности - чистый, отраженный свет. Блик - самое яркое пятно в рисунке, он может быть цвета бумаги. Хотя, если вы рисуете натюрморт из нескольких предметов, на каждом из них могут быть блики разной интенсивности. А может их вообще не быть, - в зависимости от освещения и материалов.

Полутон - пограничная освещенность, переход от света к тени. Полутона появляются там, где есть непрямое освещение, лучи падают на поверхность предмета под углом. Как вы понимаете, таких переходных тонов может быть множество. И в литературе могут попадаться разные названия: полусвет, полутень. Это связано с тем, что глаз воспринимает очень большое количество тонов - следовательно, шкала полутонов, которые вы используете, может быть очень широкой. На круглых поверхностях переход между полутонами будет мягким и незаметным, без резких границ. На предметах прямоугольной формы свет и тень могут лежать на соседних гранях, безо всякого перехода между ними.

От того, насколько много полутонов используется в рисунке, напрямую зависит его реалистичность. 1 полутон - стилизованный объем, 20 - уже ближе к реальности.

Тень - не освещенная, или слабо освещенная поверхность. Тени также могут быть разной степени интенсивности. Различают собственные и падающие тени. Падающая тень - это то же, что мы называем тенью в быту, предмет отбрасывает ее на другие поверхности. Собственная тень – не освещенная сторона самого предмета. Обычно в рисунке собственная тень темнее, чем падающая. Даже, если настоящее освещение слабое, и тени не слишком густые, художник часто усиливает собственную тень для того, чтобы форма предмета лучше читалась.

Рефлекс - появляется в собственной тени. Рефлекс - это отраженный свет от соседних предметов. В живописи рефлексы будут цветными, отражающими цвет предметов вокруг. Но, независимо от цвета, по тону рефлекс будет обязательно светлее тени. Яркость рефлекса также будет разной, в зависимости от фактуры поверхности. На глянцевых предметах могут быть очень яркие и светлые рефлексы, на матовых - почти не заметные.

Но, даже если вы не видите рефлекс, он обязательно будет. Глухая тень без рефлексов выглядит скучно, поэтому постарайтесь все же найти его. Или представить себе и нарисовать.

Итак, на каждом изображаемом предмете должны присутствовать:

- **свет, на свету блик, полутень, тень, рефлекс**

Именно в таком порядке. Запоминается как гамма. И у каждого элемента светотени своя роль.

Свет и тень - самые выразительные средства рисунка. Они одинаково важны для общего результата. По ходу работы нужно все время контролировать, не пропали ли из рисунка свет или тень, не превратились в полутона. Если это произойдет, рисунок будет казаться серым. Хотя, это может быть именно тем эффектом, который вам нужен - к примеру, если вы рисуете дождь или туманный пейзаж.

Полутона важны для объема. Чем больше полутонов, тем объемнее предметы. Хотя, использовать полутона или нет - опять же, зависит от задачи. Скажем, плакаты, комиксы или рисунки граффити могут спокойно обходиться вообще без полутонов.

Блики и рефлексы оживляют изображение. В зависимости от того, как вы их используете, они могут или придать реалистичность изображению, или наоборот. Неправильно поставленный блик или рефлекс может разрушить форму, даже если другие элементы светотени расположены правильно.

При этом, каждый предмет не существует в изображении сам по себе. Важно распределить свет и тень по всему рисунку. Чтобы определить, где будут лежать основные света и тени, попробуйте посмотреть на то, что вы рисуете, прищурившись, как бы из-под ресниц. Предметы, которые находятся ближе, обычно освещены больше, на них самые яркие контрасты. Дальние - в большей степени будут состоять из полутонов.

Этих знаний о распределении светотени в рисунке, достаточно для того, чтобы рисовать объемные предметы не только с натуры, но и, что еще более важно, по представлению, ведь то, что хочется изобразить, не всегда может быть перед глазами.

Эжен Делакруа, «Тигр, напавший на лошадь».

ПРАКТИЧЕСКОЕ ЗАДАНИЕ: ОБЪЕМ ЦИЛИНДРА.

Итак, видимый объем возникает там, где есть свет. И если с распределением светотени на прямоугольных предметах трудностей обычно не возникает - перепады на гранях видны невооруженным глазом, то рисовать круглые поверхности несколько сложнее. Солнечные лучи ложатся здесь по касательной, явной границы света и тени не видно, есть только очень плавный и незаметный переход между множеством полутонов.

Чтобы лучше разобраться, как распределяется свет на круглой поверхности, я предлагаю сделать следующее упражнение.

Вам понадобятся: линейка, циркуль, карандаш, тушь или черная акварель и круглая кисть - белка или колонок. Кончик кисти должен собираться в точку.

Первое, что мы делаем, это чертим заготовку. Рисунок будет без перспективы, просто боковой вид. Сначала с помощью циркуля рисуем план. Для этого рисунка будет достаточно половины круга.

Затем тонкими линиями наносите контуры будущего цилиндра:

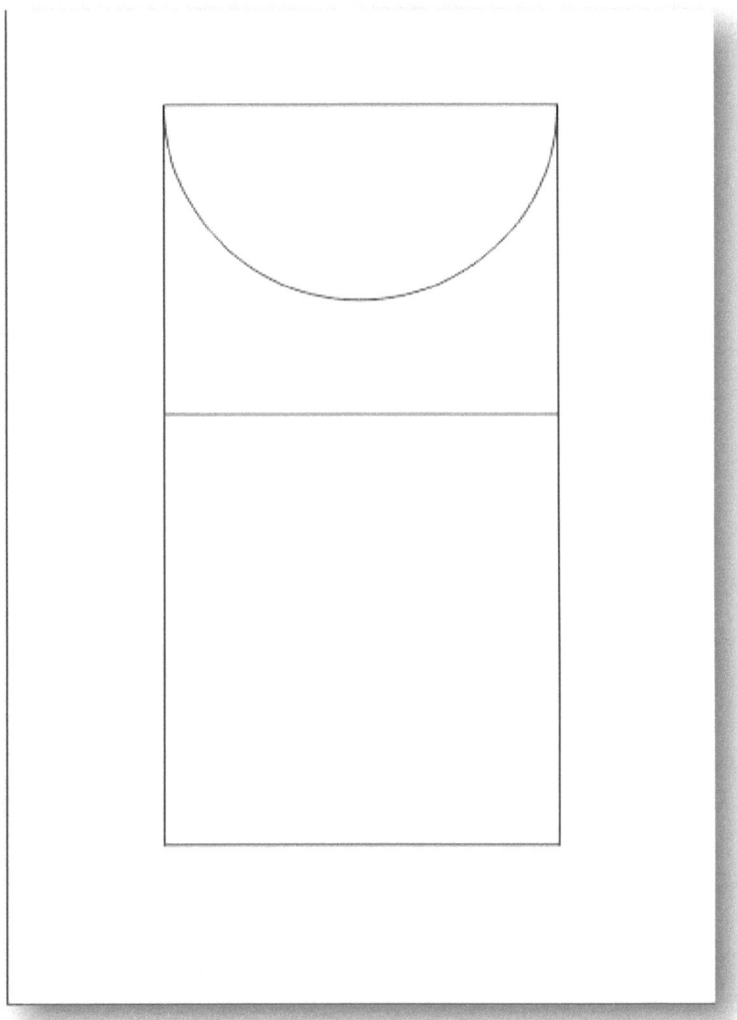

Далее, нужно будет получившийся вид поделить на равные участки.

Просто расчертить его на одинаковые отрезки нельзя, поскольку в перспективе каждый участок будут сокращаться. Поэтому, мы делим план на равные сектора, угол для сектора может быть любым, например, 5 градусов. А затем тонкими линиями переносим границы каждого сектора на боковой вид:

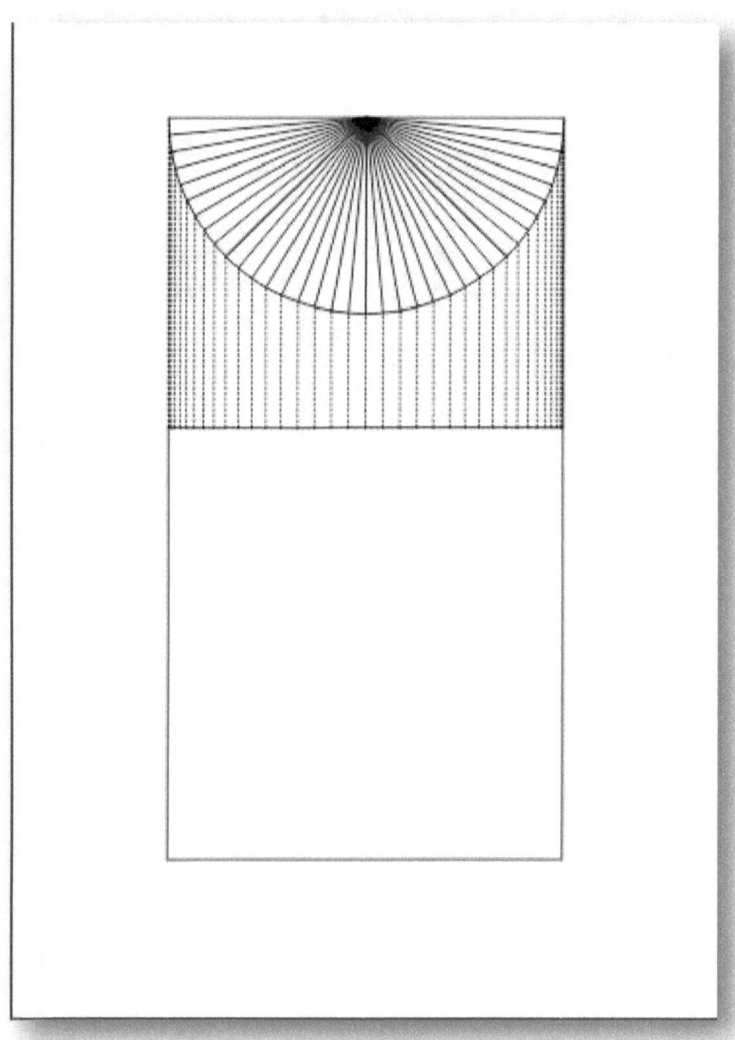

Осталось расчертить боковую поверхность вертикалями. Предварительная работа закончена.

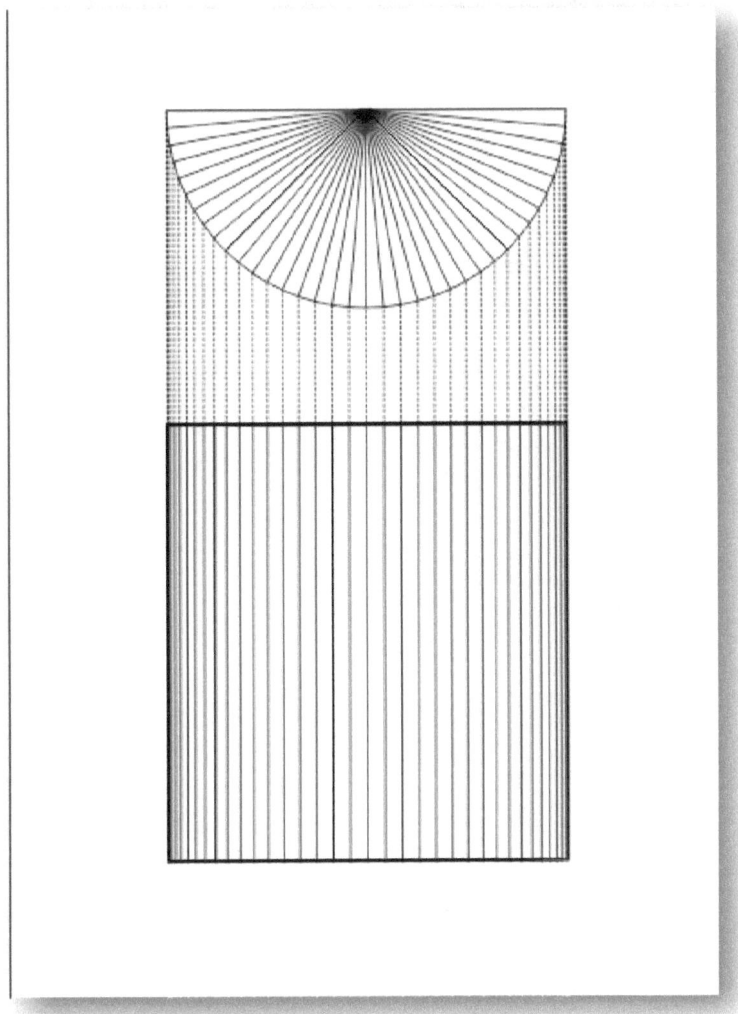

Теперь наносим тон. Для этого где-нибудь в отдельном стаканчике приготовьте слабый раствор туши, такой, чтобы при нанесении на бумагу он давал слегка заметный серый тон.

Из предыдущей главы вы помните порядок расположения элементов светотени:

свет, блик, полутень, тень, рефлекс

Выберите, где в вашем цилиндре будет находиться свет. Потом заливаете раствором туши весь цилиндр, за исключением полоски света (поскольку здесь сохраняется цвет чистой бумаги, эта полоска будет потом восприниматься как блик):

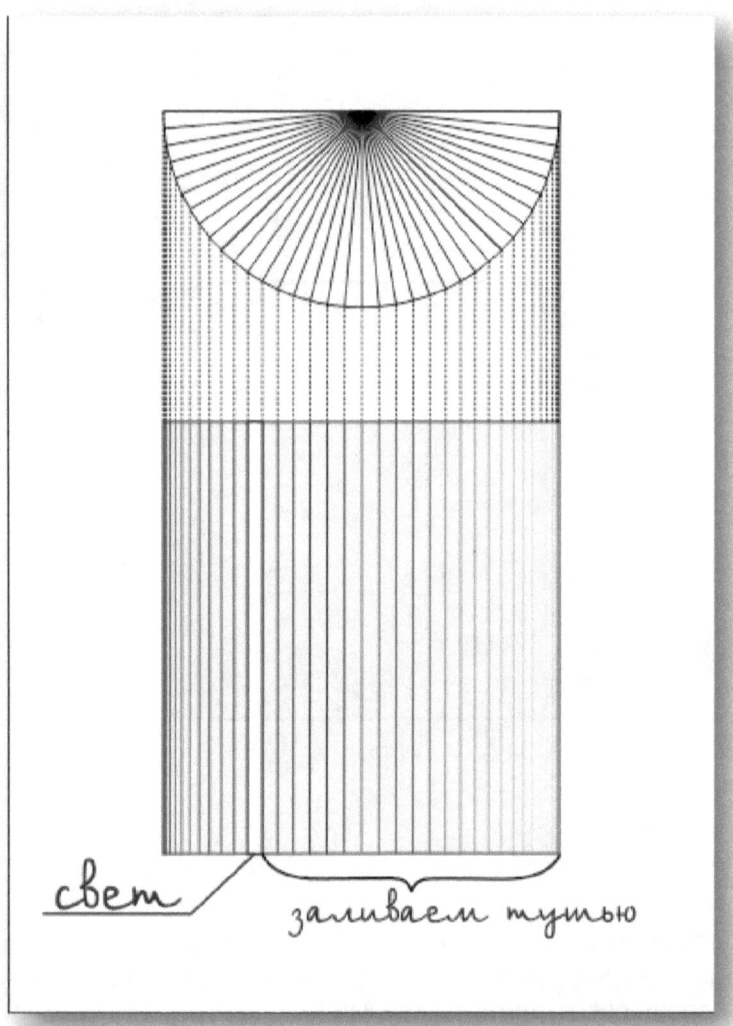

Как делается заливка: рисунок лежит под небольшим углом. Кисть вы обмакиваете в раствор, затем очень аккуратно слева направо проводите линию вдоль границы заливаемой плоскости. Потом снова обмакиваете кисточку в раствор и проводите еще линию, уже

немного ниже. Следите, чтобы бумага была слегка влажной, но капли с кисточки не текли. Таким образом равномерно заливается вся плоскость. Такая техника называется отмывкой. Бумагу, на которой будет делаться отмывка, нельзя тереть ластиком - ластик разрушает ее структуру, и при отмывке будут появляться пятна, а тушь будет затекать в поврежденные места.

Когда слой туши высохнет, можно снова заливать плоскость, отступив от выбранного вами участка еще на шаг:

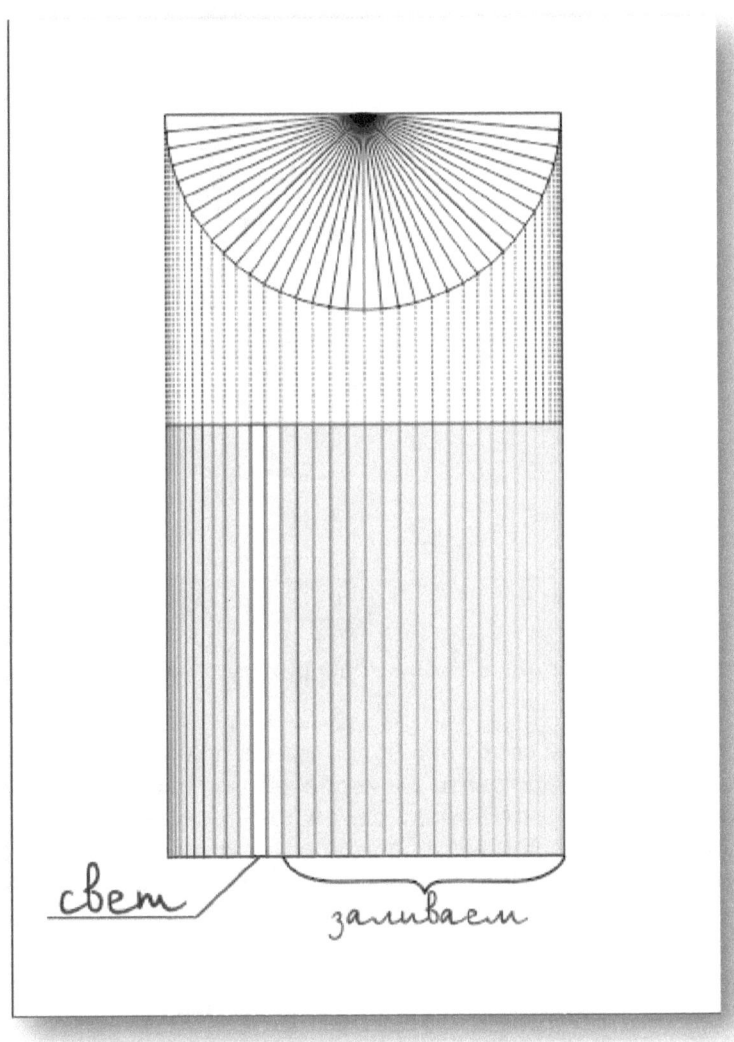

Таким образом заливается вся плоскость цилиндра. Каждый следующий слой отступает от света на одно деление. В результате, тон набирается постепенно и в тени становится довольно плотным.

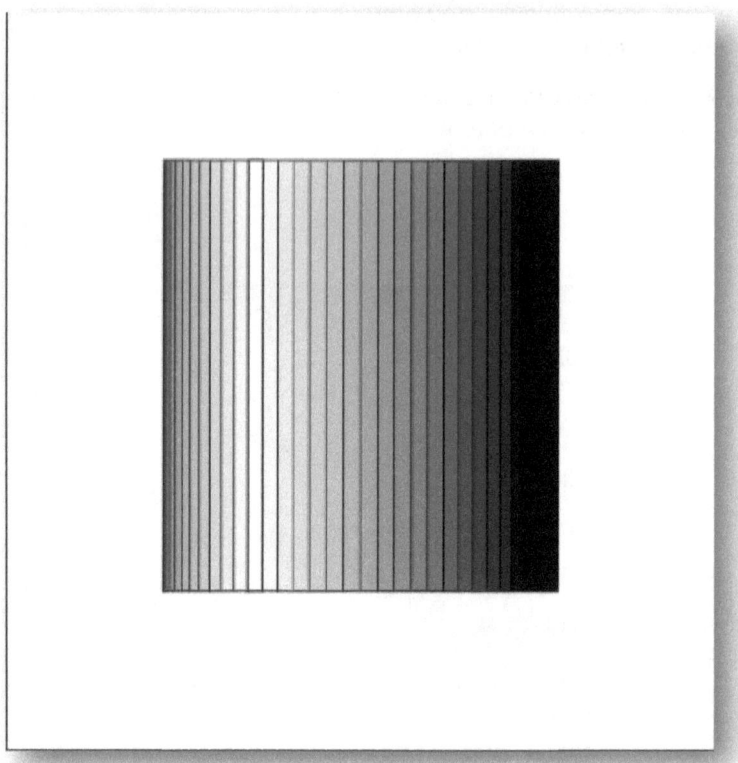

Не забывайте про рефлекс. Ближе к краю цилиндра оставьте чуть более светлый участок.

Если с распределением светотени более-менее понятно, может остаться вопрос, как штриховать цилиндрическую поверхность при рисунке? Многие знают, что штрих должен ложиться "по форме", поэтому стараются всю боковую поверхность закрыть круглыми штрихами. Не всегда это получается достаточно аккуратно. Если и у вас трудности с рисованием эллипсов, не мучайтесь. Гораздо важнее формы распределение света. Поэтому штриховать цилиндр можно точно также, как мы только что делали отмывку - деля его боковую поверхность на вертикальные плоскости и постепенно набирая тон. Тогда рисунок получится объемным.

БАЛАНС БЕЛОГО.

В дополнении разговора о светотени, я хочу рассказать вам об одном очень простом и удобном вспомогательном инструменте.

Преподаватели рисунка часто ставят в натюрморт листок бумаги, особенно если студенты рисуют гипсовые предметы. В натюрморте он не нужен, композиции только мешает, рисовать его не требуется. Тем не менее, в каждой группе непременно найдется студент, который старательно начинает отрисовывать эту бумажку. Меня всегда это удивляло, поскольку казалось, будто назначение листка очевидно.

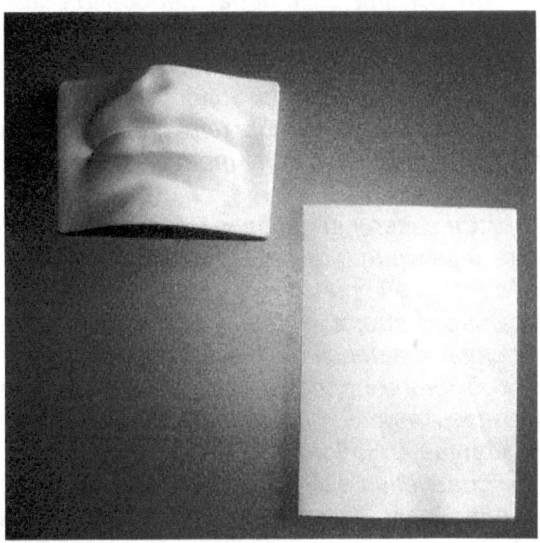

Как вы считаете, для чего он нужен?

Лист бумаги в натюрморте служит своеобразной точкой отсчета, с ним вы сравниваете интенсивность полутонов. Он того же цвета, что и лист, на котором вы рисуете, белее, чем бумага вы взять тон не сможете. Так что, рисуя предмет, вы можете визуально оценивать, насколько темными на вашем рисунке должны быть тени и полутени. И для этого вам не нужно подносить к натюрморту сам рисунок, достаточно бросить беглый взгляд на бумагу, стоящую в постановке. Конечно, она при этом должна быть равномерно освещена.

То же самое и в живописи. Довольно сложно визуально правильно оценить яркость (или светлоту) цвета. Точно так же, как и в рисунке, листочек ватмана в натюрморте может вам помочь справиться с этой задачей. Говоря языком фотографов, по нему вы "выстраиваете баланс белого" в своей работе.

Другое дело, если вы рисуете пейзаж. Никакой ватман вдаль не поставить, к тому же на расстоянии его цвет не будет выглядеть белым. И нужна уже другая точка отсчета. С чем можно сравнивать интенсивность тона в пейзаже? Прежде всего, самым светлым будет, конечно, солнце (или луна). А если солнца нет? Хороший ответ на этот вопрос есть у Николая Петровича Крымова, художника и преподавателя, работавшего в первой половине XX века:

> *Отыскав основной закон реалистического изображения в природе, я начал думать о методах передачи общего тона в картине. Это, однако, оказалось очень трудным, так как нельзя было найти первоосновного, так сказать, постоянного, не изменяющегося от окружающих условий живописного элемента, своего рода «камертона» в живописи, сравнивая с которым можно было бы определить силу тона каждого данного предмета в природе.*
> *Однажды я писал вечерний пейзаж. Раздумывая об этом «камертоне», я закурил и случайно, совершенно машинально поднял руку с горящей спичкой на уровень глаз. Направив спичку на яркое закатное небо, я увидел, что закат по отношению к огню спички стал казаться более темным. Тогда я стал искать, с каким же предметом природы может вообще слиться огонь спички. Оказалось, что он сливается с белой стеной, освещенной солнцем. Найденный мной «камертон» позволил мне, посредством сравнения его с предметами природы, увидеть все разнообразие тонов и убедиться, что все тона вечера в общем всегда темнее тонов солнечного дня. Отсюда родилось у меня понятие об общем тоне.*

Другой известный художник, Константин Коровин, для верного камертона на пленэре ставил рядом с этюдником трость с черным набалдашником и белыми перчатками на них. Вроде бы мелочь, но такая значимая! И, наверное, у каждого художника есть набор таких приемов.

Правильно взятый тон очень много значит. Поэтому, подобный "камертон", позволяющий соотносить тона не только друг с другом, но и с какой-то "базовой единицей", может помочь вам сделать качественный рывок в освоении рисунка и живописи.

ФОРМА И ОБЪЕМ.

Учебный рисунок

Главная задача академического рисунка - достоверно передать форму и объем. Это 2 основные характеристики любого предмета, при этом они неразрывно связаны между собой. Невозможно представить что-то, имеющее объем, но не имеющее формы, и наоборот. Под формой обычно понимают геометрическую форму, очертания предмета, а объем - это его трехмерная пространственная характеристика.

Можно найти предметы с одинаковой формой, но разным объемом. Скажем, лист бумаги, тетрадь, и книга - форма одна, объем - варьируется.

Какими бы сложными ни были форма и объем предмета, их всегда можно свести к набору простейших геометрических примитивов. Чем проще форма, тем легче визуально поделить ее на составляющие. Кувшин может состоять из частей шара и набора цилиндров или конусов, человек - из параллелепипедов, призм, цилиндров, шаров.

Может быть, это звучит немного странно, однако способность видеть предметы как набор геометрических тел - одно из важнейший умений художника.

Это умение называется пространственным зрением (способность воспринимать форму и пространственные взаимоотношения предметов), и его необходимо постоянно развивать.

Конечно, с непривычки, достаточно трудно в фигуре человека или животного разглядеть геометрические составляющие. Все же здесь форма очень сложна, есть масса деталей, которые не позволяют новичку увидеть основной объем. И внимание начинающего художника сосредотачивается главным образом на этих деталях. В портрете, например, он начинает тщательно вырисовывать дырочки в носу и реснички, не обращая внимание на форму носа и глаза. Однако, без проработки основных форм, реалистичным такой портрет не будет. Даже если очень точно нарисовать все мелкие детали.

Я когда-то видела сделанный таким образом портрет очень симпатичной в реальности веснушчатой девушки. На рисунке был плоский блин с глазами, ртом и множеством черных точек - такое чувство, что рисующий сосчитал и изобразил каждую конопушку. Модели портрет не понравился... Девушка действительно была на нем неузнаваема, хотя было видно стремление художника нарисовать все максимально точно.

Итак, в рисунке важнее всего не копировать видимый образ, а анализировать и обобщать. То есть, рисовать не то, что видишь, а то, как понимаешь форму предмета - тогда результат будет более убедительным. Вообще, рисунок - процесс в большей степени логический, чем чувственный, особенно на ранних стадиях.

Художественный анализ касается не столько внешней формы, сколько конструкции, потому что именно конструкция определяет характер формы. Конструктивная форма здания - параллелепипед, яблока - шар и так далее.

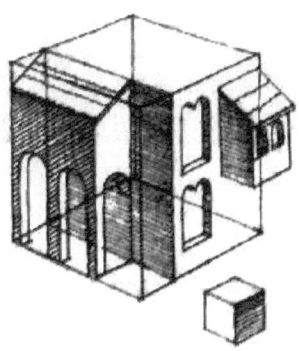

В конструкции предметов более сложной формы можно вычленить больше геометрических тел, но всегда работа идет от большего к меньшему: сначала основной объем, потом детали (которые тоже дробятся на геометрические составляющие).

Чтобы нагляднее представить это, вообразите скульптора за работой. Сначала перед ним глыба мрамора: параллелепипед. Затем он начинает отсекать крупные куски. Не вырезать из этой глыбы в каком-то определенном месте пальчики, а найти в общем приближении положение и объем рук, ног, торса, головы. Вероятно, эти части будут поначалу иметь очень грубую и приблизительную форму. После он будет эту форму уточнять, откалывая меньшие куски, постепенно объем будет вырисовываться все более реалистично. И уже в самом конце он обозначит мелкие детали: зрачки, морщинки и тому подобное.

Художник действует по тому же принципу: сначала намечает основной объем, затем выделяет большие формы, далее уточняет их и переходит к деталям.

Это правило: работа ведется от общего к частному.

ПРАКТИЧЕСКОЕ ЗАДАНИЕ: СВЕТОТЕНЬ НА ОКРУГЛОЙ ФОРМЕ.

Итак, от того, как вы распределите на предмете свет и тень, зависит то, насколько объемным будет выглядеть этот предмет на рисунке. Понятно, что ложиться солнечные лучи будут В соответствии с формой предмета. Если эта форма округлая, как в случае с шаром – то по кругу. То есть, в перспективе по эллипсам (про перспективу круга также более подробно читайте в соответствующей главе).

Четких границ мы, конечно, не увидим. Но в рисунке для правильного построения формы найти переходы между элементами светотени все же нужно.

Представьте, что кто-то взял большой нож и последовательно разрезал шар на куски, соответствующие свету, полутону, тени, рефлексу. Приблизительно так:

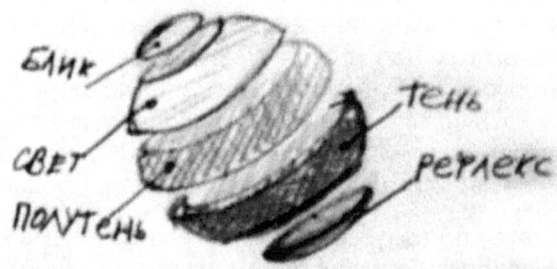

Эти воображаемые линии разреза и будут необходимыми нам эллипсами. Найдите их положение, и уже в соответствии с ними делайте тональную проработку.

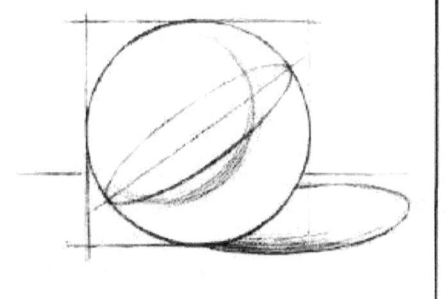

Построение формы шара *Светотеневая моделировка формы шара:*
1 — собственная тень; 2 — полутон; 3 — рефлекс; 4 — свет; 5 — падающая тень

Здесь и далее иллюстрации из учебных пособий (см. раздел «Библиография»)

Резкие границы между светотенью вам тоже не нужны. Когда построение будет закончено, вы сможете сгладить эти переходы (только не растушёвкой, а карандашом, добавляя полутона!).

Стадии рисунка шара те же, что и в случае с кубом (и в любом другом случае):

- композиция - в тонких линиях намечаете положение шара в листе;
- построение – если это шар, то в первую очередь, построение внутренних эллипсов;
- светотеневая моделировка.

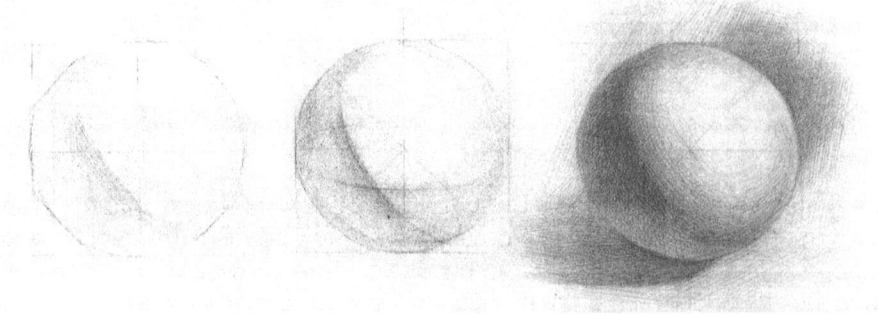

3 стадии рисунка

На заключительном этапе добавляете контраста (помните, контрастней то, что ближе).

Подробнее останавливаться на ходе работы я не буду, если интересно, можете посмотреть в главе про куб. Единственное замечание насчет штриховки - не старайтесь закрыть всю поверхность шара параллельными эллипсообразными штрихами. Плотный тон получается когда штрихи пересекаются. То есть, штриховать можно прямыми линиями, просто меняя направление движения.

Как видите, рисовать шар не так трудно. Попробуйте сами.

Я же хочу подчеркнуть, что геометрические примитивы, куб, цилиндр, шар и прочие, интересны нам не сами по себе, поскольку в природе предметы такой правильной формы не встречаются, а как основа для рисования более сложных тел.

Как вы помните, любой предмет можно визуально разбить на составляющие его простые геометрические формы. Этот метод построения разрабатывался Полем Сезанном, интересовавшимся не столько индивидуальными особенностями того, что изображал, сколько общими закономерностями. В живописных работах он выявлял в предметах простейшие формы - шар, призму, плоскость. И сейчас его методика общепризнана и широко распространена.

Поль Сезанн, Автопортрет

Мы уже рисовали геометрические примитивы. Давайте попробуем перейти к более сложным формам.

Для начала возьмем яблоко. Очевидно, что геометрически оно больше всего напоминает шар. Конечно, шар будет не идеальным, а несколько деформированным, но тем легче рисовать - какие-то ошибки построения будут не так бросаться в глаза... Однако распределение светотени будет напоминать распределение светотени на шаре.

Первое, что мы делаем - намечаем положение предмета на бумаге. Напомню, компоновать нужно таким образом, чтобы наше яблоко зрительно не терялось на листе, но и не было чересчур большим и не укатывалось за пределы. Поскольку предмет один, и он достаточно простой, можно вертикальную ось расположить посередине.

Второе - наметить на предмете свет и тень, сначала большими плоскостями, потом - уточняя форму и добавляя полутона.

Третий этап - уточнение формы и проработка полутонов. Как видите, светотень создает не только объем, но и художественный образ.

В конце, как обычно усиливаете контрасты, можно немного наметить фон. И рисунок готов:

Сложные по форме предметы рисуются точно так же, как и простые, хотя есть некоторые особенности:

Геометрия природных тел достаточно свободная, рукотворных объектов, таких как посуда, мебель и так далее - более строгая, поэтому требует внимательного построения. В частности, если вещь симметрична, необходимо намечать ось симметрии и придерживаться ее. Во-первых, ось будет поддерживать вертикаль, не давая предмету
на рисунке наклониться; во-вторых, при построении контура, для того, чтобы форма не «поплыла», необходимо постоянно сверяться, насколько контурные линии симметричны относительно оси.

Большинство окружающих нас предметов состоят из нескольких геометрических тел: в кувшине, например, можно увидеть частично или полностью шар, цилиндр, конус. При построении важно наметить перепады формы - это именно те места, где "встречаются" различные геометрические части. При этом эллипсы прорисовываются полностью, как будто вы видите предмет насквозь - как и в случае с осью, это необходимо для самоконтроля, чтобы избежать перспективных искажений.

 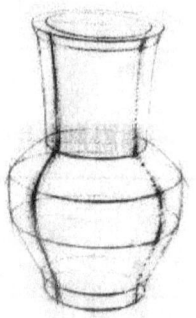 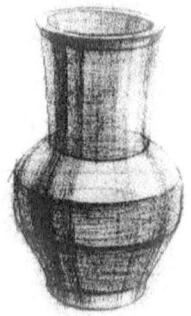

Как видите, на последнем рисунке довольно четкие перепады светотени. Даже если оставить их такими, рисунок можно считать законченным. Хотя в конце можно их несколько сгладить (не растушевать, а сделать более мягкой штриховку):

Линии построения можно не стирать (и даже не желательно - можно случайно стереть что-нибудь лишнее). Ничего страшного, если они где-то будут просвечивать - это нисколько не повредит рисунку, а наоборот, сделает его более убедительным.

СВЕТ И ТЕНЬ В ПОРТРЕТЕ.

Не пугайтесь, разговор пойдет не столько о рисовании портрета, сколько о восприятии художника. Мне хотелось бы завершить разговор о светотени примером того, как наличие полутонов в изображении влияет на восприятие формы. Может быть, правильнее было бы назвать главу "Объем сложных тел", но я не знаю, что может быть сложнее человека. Поэтому, портрет.

Итак, чем отличается взгляд художника от взгляда обычного человека? Что видите вы, когда смотрите на кого-нибудь?

Во время обучения рисунку тренируется умение смотреть на вещи очень специфическим образом - когда вы видите не детали - прическа, брови, родинки, а, прежде всего, форму и объем. То есть, детали, конечно, важны, но это последнее, на что обращает внимание художник.

А как передать объем? Конечно, через распределение светотени. Я уже говорила, о том, что чем больше переходов между светом и тенью, то есть полутонов, использует художник, тем реалистичнее будет рисунок. Давайте, я покажу это более наглядно, на примере одной фотографии.

- Начнем с того, что художник вообще может не использовать светотень. В качестве примера посмотрите линейные портреты Матисса. В этом случае задача художника не создать реалистичный рисунок, а показать красоту линии. Понятно, что объем в линейном рисунке может только угадываться.

- Следующий шаг - можно использовать только свет и тень, без полутонов.

Здесь возможности художника намного шире. Изображение становится очень выразительным за счет появления контраста. Вы наверняка видели такие рисунки - этот прием широко используется в полиграфии - иллюстрации, плакатах, рекламе. И объем, конечно, читается лучше, чем в предыдущем варианте.

- Далее - посмотрите, насколько реалистичней становится картинка при появлении всего одного полутона:

- Несложно заметить, что чем больше полутонов используется, тем объемнее кажется изображение:

Продолжать можно до бесконечности...

На мой взгляд, половина умения рисовать заключается в умении видеть эти градации полутонов - независимо от того, что именно вы рисуете, портрет или натюрморт. На этом мне хотелось бы закончить тему передачи объема в рисунке.

ЕЩЕ О МАТЕРИАЛАХ: КАРАНДАШИ ТВЕРДЫЕ И МЯГКИЕ.

То, какой получится карандашная линия, зависит от нескольких моментов:

- твердость карандаша - чем карандаш тверже, тем светлее линия и наоборот;
- нажим - более сильный нажим оставляет более яркую линию (важно не передавить - очень твердым карандашом можно и поцарапать бумагу);
- угол наклона карандаша к бумаге.

Помните, в главе о том, как точить карандаши, я упоминала о том, что грифель должен быть довольно длинным? Дело в том, что в рисовании используется не столько острый кончик, сколько боковая поверхность грифеля карандаша.

Чем сильнее наклонить карандаш, тем шире будет его след. Я взяла несколько карандашей разной твердости. Справа штрихи боковой поверхностью грифеля, слева - острием:

Самая сухая и тонкая линия получается, когда рисуешь острием твердого карандаша, самая темная и жирная - боковой поверхностью мягкого. Соответственно, по-разному выглядят и рисунки, сделанные такими линиями. Сравните:

В. Н. Горяев "Портрет Н. В. Гоголя"   Е. А. Кибрик "Художник Давид Дубинский"

Конечно, не обязательно строго придерживаться одного способа рисовать. Можно чередовать в одном рисунке линии, сделанные острием, и линии, нарисованные боковой поверхностью карандаша, под углом к бумаге, это придаст рисунку выразительности:

Н. П. Ульянов, "Пушкин за столом"

Такая свободная техника рисования присуща прежде всего, наброскам. Хотя многие не придают наброскам большого значения, я считаю, что именно в набросках оттачивается техника рисунка и скорость.

В. А. Фаворский, "Дуб. Цхалтубо"

Наброски и зарисовки предполагают полную свободу.

Во время длительного рисунка вы начинаете рисунок и набираете тон твердыми карандашами, иногда на это уходит не один час.

Здесь тон набран твердым карандашом.

В наброске же вы можете взять максимально мягкий карандаш и нарисовать густую тень буквально за несколько секунд:

Единственное, чего я советовала бы избегать, это растушевки. Когда растушеванный карандаш это основной метод изображения, это может смотреться хорошо. Но когда растушеванное пятно вклинивается в штриховку, оно сразу нарушает структуру рисунка, а избавиться от него очень трудно (вот почему часто под руку с карандашом советуют подкладывать лист бумаги, чтобы случайно не растирать рисунок):

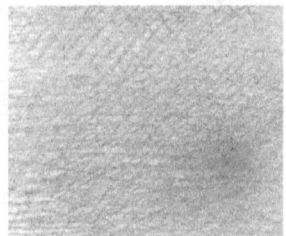

Рисование карандашом - очень индивидуальная техника. Чем больше рисунков и набросков вы делаете, тем легче найти индивидуальный стиль, подходящий исключительно вам.

Рисунок Валентина Серова

ДЛЯ ЧЕГО НУЖЕН ЛАСТИК?

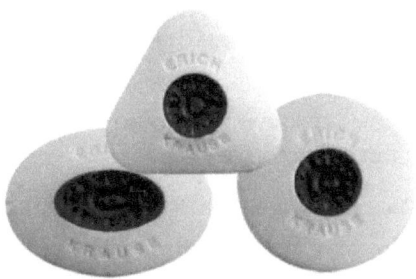

Совсем не для того, чтобы стирать. Ластик художнику нужен для того, чтобы рисовать, как ни странно это звучит.

В начале работы над рисунком ластик не нужен вообще, как и в середине, по 2 причинам:

Ластик нарушает структуру штриховки, и повреждает бумагу.

Когда ластик под рукой, слишком большой соблазн постоянно что-то исправлять (когда исправлять особенно нечего). В результате можно бесконечно рисовать одну и ту же линию, стирая и нанося ее заново, до тех пор, пока на бумаге не появятся дырки.

При этом идеально построить с первого же раза даже самый простой предмет, такой как куб, для новичка (и не для новичка) практически невозможно.

Как же быть в этой ситуации?

Ну, во-первых, не стирать. Все линии нужны, в том числе и неправильные - они в конечном итоге сольются в общую плоскость и будут создавать тон. Для этого линии построения должны быть достаточно легкими и светлыми. Поэтому предварительный рисунок желательно выполнять твердыми карандашами и без лишнего давления. Если кажется, что линия не на месте, не стирайте ее. Нарисуйте рядом еще одну, потом еще одну - до тех пор, пока не найдется точная. Ее можно выделить более четко, а остальные спрятать за штриховкой. Так найти правильную линию намного проще, чем стирая и рисуя каждый раз на чистом листе.

Во-вторых, существует альтернатива ластику - это формопласт. Он не стирает карандаш, а слегка облегчает общий тон, оставляя все линии и штриховку на своих местах. И что важно, в отличие от ластика, он не разрушает структуру бумаги.

Ластик нужен в тех случаях, когда нужно стереть что-то полностью, до цвета бумаги. То есть, для нанесения бликов и усиления контраста на завершающей стадии рисунка.

Чтобы рисовать ластиком, нужно его заточить. Но, конечно, не так, как карандаш. Ему нужна острая кромка.

Часть ластиков, которые можно встретить в магазинах, уже имеют такую кромку:

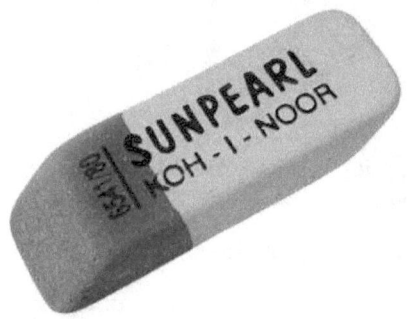

(та половина, что предназначена для стирания ручки, в рисунке не используется).

А часть не имеют:

Тогда канцелярским ножом можно разрезать его по диагонали.

Острым уголком можно нарисовать и тонкую линию, и плоскость, в зависимости от того, как ластик развернуть:

Чтобы понять, как рисует ластик, попробуйте сделать простое упражнение, "рисунок наоборот". Затонируйте лист мягким карандашом (заодно потренируетесь держать карандаш и отработаете штриховку). А потом нарисуйте что-нибудь с помощью ластика.

У меня получилось так:

1.

2.

Рисунок ластиком

У меня это упражнение заняло минут 10, не больше. Как видите, ластиком можно даже выявлять полутона - все зависит от силы нажима. Правда, я не удержалась, и в конце все же слегка усилила тени карандашом - начальный тон оказался недостаточно темным.

Не забудьте подложить под ладонь листок бумаги, чтобы не растирать штриховку. А еще ластик пачкается графитом, и вместо белого тона можно случайно нарисовать пятно. Поэтому, время от времени нужно его чистить, то есть стирать лишний графит об стол или другой лист.

ОСНОВНЫЕ ВЫРАЗИТЕЛЬНЫЕ СРЕДСТВА ХУДОЖНИКА.

Если говорить о рисунке, то в арсенале художника есть всего лишь 3 выразительных средства:

- Точка;
- Линия;
- Пятно или тон.

И если точка используется достаточно редко, то без линии и тона представить рисунок невозможно. Причем, они могут присутствовать на листе как вместе, так и по отдельности.

- *Еще одно выразительное средство – ЦВЕТ. В этой книге я про цвет не рассказываю, однако у меня есть отдельный курс по цветоведению. Прочитать про него вы можете здесь: http://artfound.ru/color/ Кроме того, материалы по теории цвета есть на моем сайте artfound.ru/*

ЛИНЕЙНЫЙ РИСУНОК.

А. С. Пушкин, автопортрет

Когда я преподавала в институте, я обратила внимание вот на что: в самых первых работах ученики прежде всего начинают вырисовывать контур предмета. При академическом подходе к рисованию это считается не вполне правильным, потому что в реальности никаких контурных линий не существует, ни увидеть, ни пощупать их невозможно!

Однако, умение видеть границы предметов - это самый базовый навык в рисунке, умение видеть объем и пропорции приходит позже.

К тому же, линия - это одно из основных средств художественной выразительности. Она идеальна для
передачи движения и характера (под характером в рисунке понимаются не психологические характеристики человека, а внешние особенности предмета, в том числе и неодушевленного).

Чтобы сделать хороший линейный рисунок, нужно держать в голове 2 момента:

- В рисунке должна быть или линия, или светотеневая моделировка, но не то и другое вместе. Линия - это условность, светотень - это реалистичный рисунок, когда они используются одновременно, возникает противоречие.

В линейном рисунке может использоваться легкий тон, но доминировать все же будет линия:

Л. В. Сойфертис, Утро

- Чтобы линия была красивой, она должна быть свободной. Это выражение работы мысли художника. Где-то линию можно усилить нажимом, где-то она будет пропадать. Иногда линии будут жесткими и угловатыми, иногда - легкими и вибрирующими. Но никогда не однообразными!

Хорошей отправной точкой для того, чтобы научиться видеть границы предмета, может быть рисование силуэта:

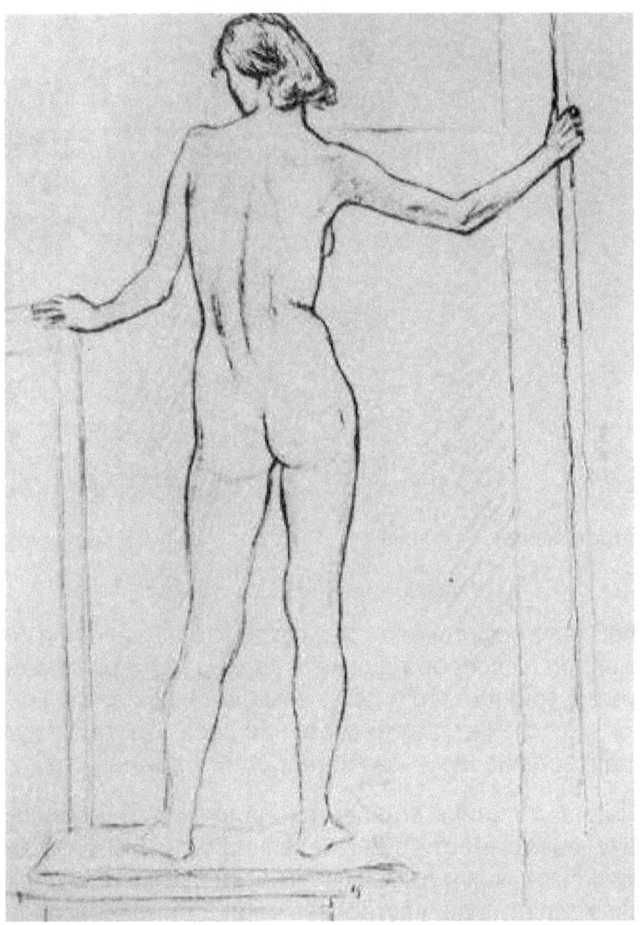

В. А. Фаворский, Стоящая натурщица

Как вы понимаете, техника линейного рисунка близка к наброску. Однако, если в наброске главное – суметь достаточно быстро «сватить» форму и движение, пусть даже и приблизительно, для чего могут использоваться как линии, так и штриховка, то в линейном рисунке важно передать гибкость и красоту линии.

Степень условности линейного рисунка может быть разной:

А. Матисс. Портрет Сергея Юткевича   Г. С. Верейский,, В саду Русского музея

Худший способ провести линию - это взять карандаш практически за самый грифель (см. 2 способа держать карандаш) и рисовать линию мелкими штрихами, то и дело возвращаясь назад. Такая манера рисования только покажет, как неуверенно себя чувствует художник, поэтому старайтесь рисовать свободно, одним движением.

Модильяни называл линию "волшебной палочкой" художника, ее выразительные возможности действительно огромны. Но даже волшебной палочкой, как и любым другим инструментом, нужно учиться пользоваться. Уверенно почувствовать себя в линейном рисунке могут помочь быстрые наброски и зарисовки.

ТОН: 5 СЕКРЕТОВ КРАСИВОГО ШТРИХА.

На тренинге "Я - художник", который я однажды проводила, возник вопрос "Как научиться красиво штриховать?" Я думаю, это интересно не только участникам курса, поэтому публикую ответ здесь.

Михаил Врубель, Портрет доктора Ф. А. Усольцева

5 СЕКРЕТОВ КРАСИВОГО ШТРИХА:

- Во-первых, красивым будет штрихи, сделанные уверенными и быстрыми движениями. Я уже писала о том, как проводить прямые линии, они нужны не сами по себе (не будешь же хвастаться: "вот как я здорово могу провести прямую без линейки!"), а как элемент штриха. На рисунке эти линии очень хорошо читаются. Чтобы проводить прямые именно так, нужно правильно держать карандаш. Линии, проведенные дрожащей неуверенной рукой, вряд ли будут смотреться эффектно.

- Тон нарабатывается перекрёстным штрихованием, усилением нажима и более частыми штрихами. Но в первую очередь важно именно перекрещивать линии - смотрите, даже в самом тёмном месте через штриховку просвечивает бумага. Это даёт общее впечатление чистоты.
- Не используется растушёвка. Я не говорю о том, что тушевать нельзя вообще. Нельзя смешивать в одном рисунке перекрёстное штрихование и тушёвку, если растирать - то весь рисунок. Потому что когда графит размазан только в нескольких местах, кажется, будто это следствие общей неаккуратности. Так бывает, например, когда во время штрихования рука ездит по бумаге и растирает уже готовые участки - от этих пятен потом трудно избавиться. Проще их избежать, подложив под руку чистый листочек.
- Штрих накладывается в соответствии с формой, особенно важно это в случае, если направление формы меняется. Если горизонтальную плоскость штриховать вертикальными линиями, она встанет на дыбы.
- Наиболее внимательно прорабатывается то, что находится на переднем плане - там самые сильные контрасты светотени. Вдали тональные переходы ровнее, все как будто подернуто дымкой - так показывается воздушная перспектива.

И самое главное, не нужно бояться провести линию неправильно, заступить за границу и т. п. Иначе вы будете чувствовать себя скованно, и это ощущение непременно передастся зрителю (если вы решитесь показать кому-то замученный рисунок). Чтобы получилось хорошо, нужно рисовать С УДОВОЛЬСТВИЕМ и меньше думать о результате).

Еще одно важное замечание: особенности штриховки во-многом зависят от характера человека и темперамента. Это как почерк. Он, конечно, поддается коррекции, но не на 100%. И если человек пишет широко и размашисто, то невозможно заставить его всегда выводить маленькие аккуратные буковки.

Поэтому не расстраивайтесь, если ваша манера штриховать отличается от манеры других художников, и сравнивайте свои рисунки только с собственными!

ЧТО ПРАВИЛЬНО, ШТРИХОВАТЬ ИЛИ ТУШЕВАТЬ? ЧАСТНОЕ МНЕНИЕ.

Написать на эту достаточно спорную и для кого-то даже болезненную тему, меня сподвиг этот комментарий на моем сайте:

Алла: Я преподаю в Х.Ш., все годы учила звонкому штриху, как и меня когда то учили- НЕ ТУШЕВАТЬ, а штриховать по форме, хоть предмет, хоть портрет! Но в последнее время только везде и вижу ТУШЕВКУ! Разве это правильно?

Ответ у меня получался очень развернутым, поэтому я решила вынести его в отдельную статью.

Уважаемая Алла! Меня, так же, как и вас, учили прежде всего штриховать. И я тоже огорчаюсь оттого, что растушеванных работ в последнее время появляется все больше, а красивой твердой графики все меньше. Но прежде, чем говорить о том, правильно это или нет, хочу отметить вот что: повсеместное распространение тушевки ЗАКОНОМЕРНО.

В первую очередь это происходит благодаря изобилию фотографии. В настоящее время фотоизображение стало восприниматься как визуальный эталон. Все чаще в адрес художественных работ можно услышать такой (сомнительный, с моей точки зрения) комплимент: "Как красиво! Прямо как фотография!". Причем так говорят не только неискушенные зрители, я слышала эту фразу даже от своих бывших студентов-художников.

И, коль скоро сходство рисунка с фото вызывает восхищение, то верно и противоположное: в массовом представлении все, что делает графическую работу не похожей на фотографию, может восприниматься как дефект, возникший из-за недостатка мастерства художника.

Разумеется, спрос не может не отразиться на предложении, - художники, зарабатывающие творчеством, часто вынуждены подстраиваться под вкусы публики. Представьте, что в числе уличных художников, рисующих портреты, появится один, пишущий в духе позднего Пикассо. Вряд ли к нему выстроится очередь... Зато спросом всегда пользуются работы в фотореалистическом ключе. Особые приметы таких портретов: глубокие черные тени, множество ярких бликов и, конечно же, плавные РАСТУШЕВАННЫЕ тональные переходы.

На самом деле, ни таких резких теней (при нормальном дневном свете), ни бликов на каждом выступающем участке лица в реальности не увидишь (так же, как например, красных зрачков). Эти эффекты возникают на фотографии при съемке со вспышкой, но зритель, завороженный иллюзией документальности, не обращает на такие мелочи внимания.

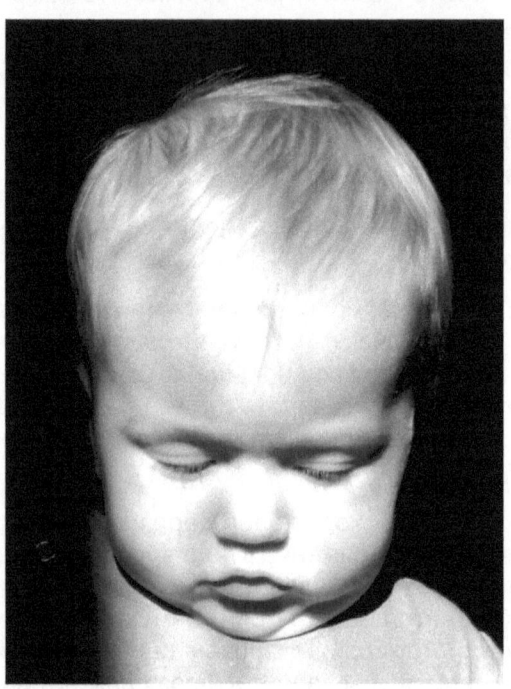

Работа в стиле фотореализма бесспорно требует от автора огромного мастерства. Это и безупречный глазомер, и умение правильно воспринимать и передавать тональность, также значительную роль играют опыт и терпение. Все это не может не восхищать. Но главный минус фотореализма, с моей, опять же, точки зрения, заключается в том, что этот стиль требует отказа от индивидуальности. Все штрихи, мазки, линии, - то, из чего складывается художественная МАНЕРА, тщательно прячутся, затушевываются.

Единственное, в чем может проявиться личный взгляд художника, - это выбор фотографии, которую он будет копировать.

Я говорю в основном о портрете потому, что портрет всегда был и остается самым притягательным жанром. По моим наблюдениям, большинство тех, кто хотел бы научиться рисовать, стремятся рисовать именно портреты. При этом основной источник информации сейчас для многих - это интернет. Художественные школы и мастерские есть не везде, да и доступны не всем (в силу возраста, финансовых возможностей, отсутствия времени и т. д.). Рисовать дома за компьютером кажется намного удобнее. А если есть выход в сеть, то возможности учиться намного шире.

Однако попробуйте набрать в поисковике что-нибудь вроде "портрет рисунок". Какие визуальные образцы вам даст всемирная паутина?

В лучшем случае на один классический рисунок придется десяток перерисованных фотографий. Они чаще всего и становятся образцом для подражания.

Виноваты в этом отчасти и мы, преподаватели рисунка. В том, что не умеем привить вкус к хорошей графике. Не умеем внятно объяснить, как надо.

Чего стоит, например, требование штриховать "по форме". Абсолютно все, даже те, кто впервые взял в руки карандаш, знают, что штриховать надо именно по форме и никак иначе. Но что конкретно означает это требование, совсем не ясно.

Если форма простая, например куб, как располагать штриховку на гранях? Вертикально, горизонтально? Наносить штрихи в обоих направлениях, по сути рисовать решетку, это будет правильно? А если штриховать по диагонали?

Труднее, если форма округлая. Я видела рисунки, на которых чашки сверху донизу заполнены эллипсами разной кривизны. Ведь это "по форме". И уж совсем непонятно, как подступиться к шару.

Таким образом, проблемы возникают уже при попытке штриховать простые геометрические формы, что уж говорить про такие сложные, как лицо человека. Гораздо проще взять фотографию и просто копировать, растушевывая светотеневые переходы, чем разбираться, как там штриховать "по форме".

Беда в том, что классическая система обучения перестает отвечать требованиям времени. Академическое обучение рисунку длительное, да и если честно, довольно скучное. Мало кто способен подолгу и с удовольствием рисовать все эти кубы, призмы и цилиндры. И рисуют люди самостоятельно то, что интересно и так, как понимают.

Правильно это или не правильно?

Мне кажется, пока не сформируется какая-то достойная альтернатива классической системе обучения рисунку, ситуация не изменится. Мы будем везде видеть исключительно растушеванные копии фотографий.

Ну и наконец, отвечу на поставленный вначале вопрос: что правильно, штриховать или тушевать? Думаю, это в большей степени дело вкуса, и зависит от стиля, в рамках которого существует художник. Если это фотореализм, то тушевка будет более правильной и органичной.

Однако, могу предположить, что мода на фотореалистичные рисунки со временем пройдет или трансформируется во что-то иное. Как любая мода.

А вы как считаете?

ПОЛЕЗНАЯ ТЕОРИЯ.

ПОГОВОРИМ О ПЕРСПЕКТИВЕ.

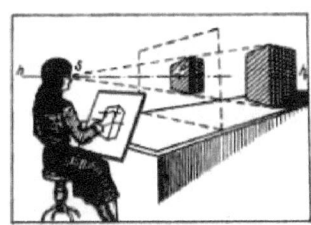

Когда говорят о перспективе применительно к рисунку, имеют в виду прежде всего **линейную перспективу**.

Без знания законов линейной перспективы невозможно реалистически нарисовать даже самый простой предмет, какую-нибудь коробку. При этом, сделать правильный перспективный рисунок достаточно просто. Возьмите фломастер, подойдите к окну и прямо на стекле обведите контуры всего, что вы видите. Кстати, именно этот метод (или его вариации), использовались художниками Возрождения, которые начинали разрабатывать теорию перспективных построений (этих художников впоследствии историки назвали "перспективистами и аналитиками").

Даже само слово "перспектива" переводится с латыни как "смотреть сквозь". На гравюре Дюрера "The painter of the lying woman" можно видеть, как художник использует в работе стекло (и, кстати, обратите внимание на сложный перспективный ракурс модели).

Дюрер "The painter of the lying woman"

Вернемся к нашему эксперименту. Хорошо, если за окном у вас промышленный пейзаж, например, коробки домов.

Так нагляднее будут видны

ОСНОВНЫЕ ПРИНЦИПЫ ЛИНЕЙНОЙ ПЕРСПЕКТИВЫ.

Они, в основном, не совпадают с тем, что мы учили в школе на уроках геометрии. А именно:

1. Параллельные прямые пересекаются. Видимых пересечений, конечно, на рисунке не будет, но вы явно увидите, что они будут сходиться. Есть исключение, параллельные прямые будут параллельны друг другу и в перспективе, если расположены вертикально или параллельно линии горизонта.
2. Перпендикулярные прямые сходятся не под прямым углом. То есть, конечно, под прямым, но на рисунке он будет выглядеть или тупым, или острым, по-разному, в зависимости от расположения.
3. Круги в перспективе (если они у вас будут на рисунке) превратятся в эллипсы. Правда, тут тоже есть варианты, например, если круг лежит на линии горизонта, то он станет линией, а если стоит развернувшись к вам лицом, то останется кругом.
4. Основной закон линейной перспективы: предметы одного размера на картине будут выглядеть разными, в зависимости от удаления - чем дальше от зрителя, тем меньше, и наоборот.

Это очень обобщенно.

На самом деле, теория линейной перспективы хорошо разработана и очень громоздка. В ВУЗах ее изучают на таких предметах, как начертательная геометрия, теория теней и перспективы, технический рисунок (да и просто на рисунке и композиции без нее не обойтись).

Но перечисленных выше законов вполне достаточно, чтобы рисовать.

Тем более, помимо **линейной перспективы** есть перспектива **наблюдательная,** или наглядная. То есть, когда вы рисуете с натуры, вы должны помнить о законах линейной перспективы, но по ходу работы вносите в рисунок собственные поправки, в соответствии со зрительным восприятием.

И, хотя линейная перспектива строится строго математически, рисунок художника "на глаз", без использования циркуля и линейки, часто может оказаться точнее (конечно, при некотором опыте этого художника).

Дело в том, что перспективная теория основывается на методе центрального проецирования. То есть, используется 1 центр проекции (или одна точка зрения). Хотя человек смотрит на все двумя глазами.

Если предметы расположены достаточно далеко, разница малозаметна. Но если, к примеру, сфотографировать что-нибудь с близкого расстояния, на снимке получится сильное перспективное искажение (поэтому, когда вы снимаете портрет, расстояние между человеком и камерой должно быть минимум метр). В то время, как глаза никаких искажений не увидят даже с более близкой дистанции.

То есть, знание законов перспективы нужно художнику в том числе для того, чтобы их нарушать. Например, известно, что Микеланджело при работе над Давидом увеличил размеры головы и шеи скульптуры, чтобы они не казались в перспективе слишком мелкими (напомню, высота Давида более 4 м).

Конечно, чтобы грамотно нарушать законы перспективы, нужно быть профессионалом. А для начала достаточно хотя бы избегать грубых ошибок - ошибки в перспективе рисунка самые заметные и практически не поддаются исправлению.

ОСНОВЫ ЛИНЕЙНОЙ ПЕРСПЕКТИВЫ.

Итак, мы уже говорили об общих законах линейной **перспективы**, теперь я бы хотела проиллюстрировать, как их учитывать при рисовании. И прежде всего, как выбрать подходящую отправную точку для рисунка.

Для начала давайте рассмотрим несколько терминов, принятых в науке о перспективе.

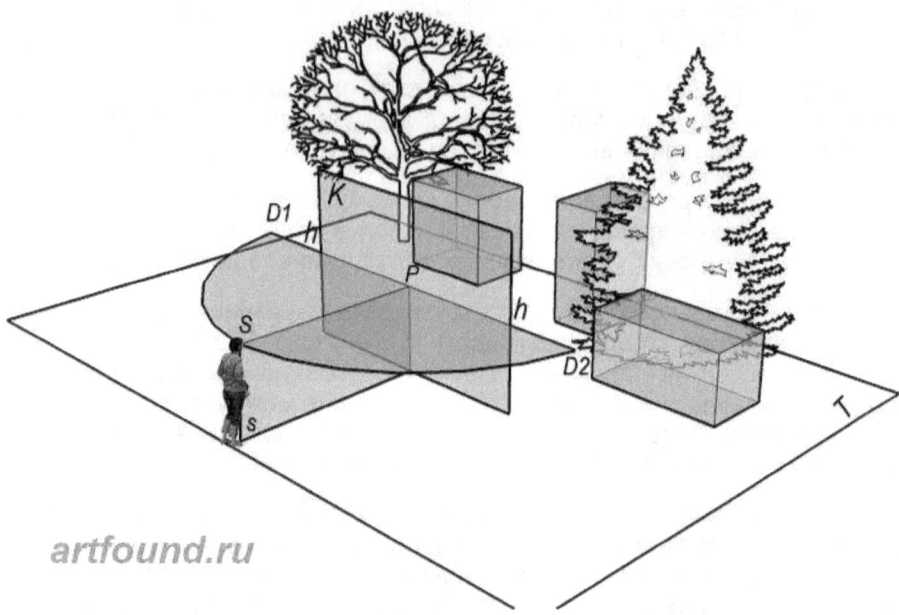

На картинке изображен так называемый "*перспективный аппарат*".

Плоскость *T* - *предметная плоскость*, проще говоря, "земля". На ней находятся люди и предметы.

K - *картинная плоскость*, или наша с вами картина.

h-h - *линия горизонта*, как вы помните, она всегда находится на уровне ваших глаз.

S - *точка зрения*.

Точки *D1* и *D2* - *дистанционные*, они ограничивают наше поле зрения.

И, наконец, *P - главная точка картины,* - это перпендикуляр из точки зрения к картинной плоскости.

Линия горизонта и точка P - самые важные для построения элементы. От их расположения во многом зависит конечный результат.

На линии горизонта сходятся все линии, параллельные предметной плоскости. А точка P сама будет точкой схода для всех линий, направление которых совпадает с направлением нашего взгляда.

Посмотрите снова на картинку выше. Вы видите, что коробочки "здания" расположены как раз таким образом, что часть линий будут идти в том же направлении, что и взгляд человека, а другая часть параллельны картине. То, что увидит человек при таком расположении предметов, будет называться **центральной перспективой**. Это самый простой вид перспективы.

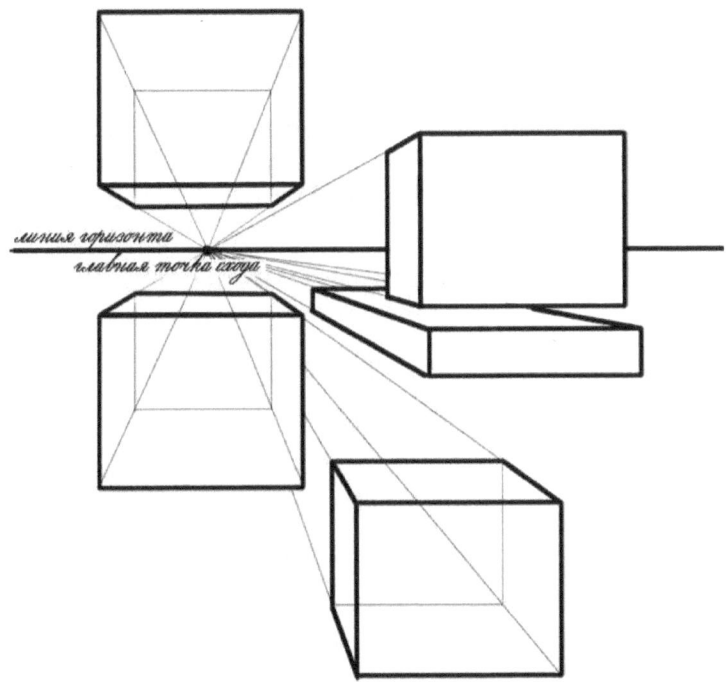

Здесь наглядно видно, что при центральной **перспективе** часть линий сходится в главной точке, а перпендикуляры к ним параллельны линии горизонта (и краю листа). Если вы помните, когда мы рисовали кубик, я советовала избегать подобного расположения. Однако в рисунке интерьера и в пейзаже центральная **перспектива** используется очень широко. А еще шире - в художественной фотографии (наберите в поисковике "перспектива" и посмотрите, какие картинки найдутся).

Здесь хорошо видно, что главная точка картины вовсе не обязательно будет находиться в центре. Поскольку главная точка картины - это проекция нашего взгляда, мы можем сами выбирать место, где она будет находиться.

Посмотрите, как меняется рисунок в зависимости от расположения главной точки:

ВЫБОР ПОЛОЖЕНИЯ ТОЧКИ ЗРЕНИЯ

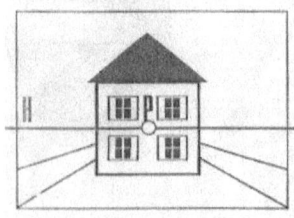 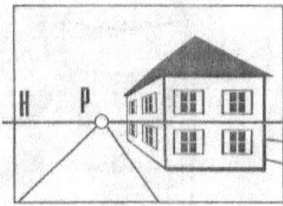 

Точно также, мы можем влиять на высоту линии горизонта, и задавать ее высоко или низко, в зависимости от желаемого результата:

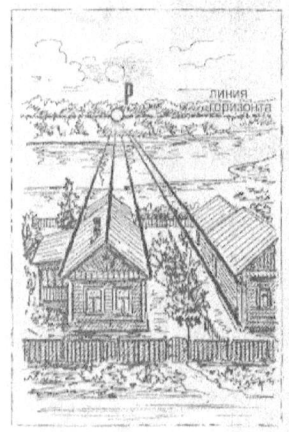

Низкий горизонт в истории живописи обычно применялся в парадных портретах, в изображении архитектуры, батальных сцен - везде, где требовалось подчеркнуть величие и монументальность сюжета. Взгляд сверху вниз (или высокий горизонт), соответственно, дает противоположный эффект. Прием с использованием разной высоты горизонта настолько же действенный, насколько простой - зритель, глядя на картину, скорее всего не заметит, что горизонт опущен или поднят, но необходимое художнику впечатление останется.

Есть еще один параметр, влияющий на изображаемую перспективу - это угол зрения. Но эта информация скорее необходима в черчении, чем в рисовании, поэтому я не буду подробно на этом останавливаться. Все же при рисунке с натуры, мы в любом
случае, используем *наблюдательную* перспективу.

Вообще, тема перспективы довольно обширна, даже если не вникать в тонкости построения, так что на эту тему еще будут статьи. Однако, здесь достаточно один раз разобраться, чтобы в дальнейшем не допускать ошибок.

ПЕРСПЕКТИВА КОМНАТЫ. ЧАСТЬ 1 - ПОЛЕ ЗРЕНИЯ.

Итак, в предыдущей главе мы начали разговор о фронтальной перспективе.

Еще раз напомню, *фронтальная*, или *центральная перспектива* - это такая перспектива, при которой прямые линии сходятся в главной точке картины P, а перпендикуляры к ним располагаются параллельно краю листа.

Хотя это самый простой вид перспективы, нарисовать даже фронтально комнату бывает сложно. И сложности эти связаны с особенностями зрительного восприятия.

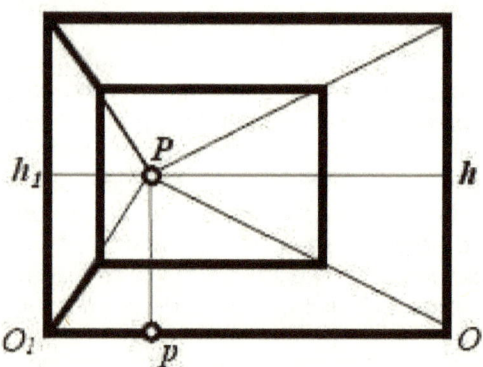

Фронтальная перспектива комнаты: h-h1 - это линия горизонта, O-O1 - основание картины, P - главная точка.

P - проекция взгляда человека, она лежит на линии горизонта h-h . Также для построения перспективы интерьера нам нужны будут дистанционные точки D.

На рисунке перспективного аппарата, который вы видели в начале предыдущей главы, можно видеть, что расстояние DP=SP. То есть, положение дистанционных точек зависит от того, насколько далеко находится наблюдатель.

Есть один момент, который я до сих пор не упоминала. Это поле зрения.

Поле зрения - это часть пространства, которую можно увидеть, не меняя точки зрения. Физиологическое строение глаза таково, что наш взгляд в ширину охватывает большее пространство, чем в высоту, таким образом, поле зрения представляет собой неправильную, вытянутую по горизонтали, окружность.

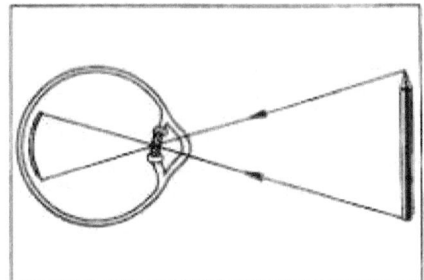
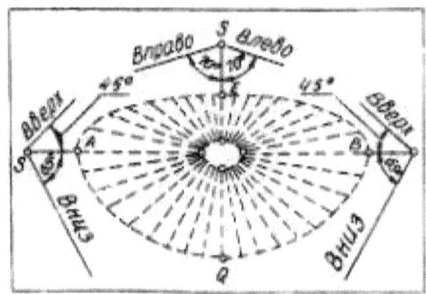

Поле зрения

Для того, чтобы рисунок был правдоподобным, важно рисовать только то, что попадает в поле зрения, то есть то, что можно увидеть одним взглядом, не поворачивая головы.

Величина ясного поля зрения определяется углом 28 градусов, при котором расстояние SP=2AB.

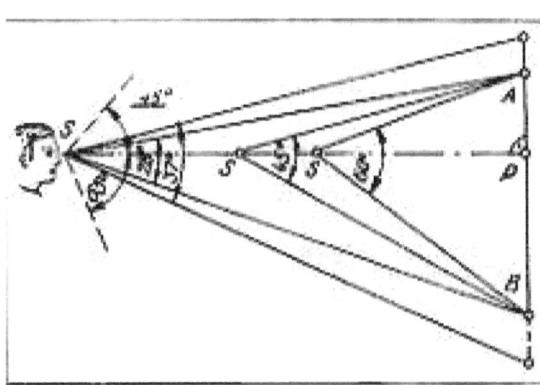

Угол зрения

В переводе на человеческий язык это означает, что рисующий должен находиться от натуры на расстоянии, приблизительно в 2 раза превышающим высоту этой натуры.

При рисовании отдельных предметов или каких-то зарисовок на открытом воздухе обычно используется угол зрения от 28 до 37 градусов. То есть, не то, чтобы вы специально решаете, что вот такой угол зрения я возьму. А просто рисуете то, что попадает в ваше поле зрения. Но вот в интерьере, когда вы находитесь внутри помещения, увидеть комнату одним взглядом, не поворачивая головы, может быть проблематично. Поэтому, в зарисовках интерьера часто возникают перспективные искажения.

Чтобы избежать кажущихся искажений, при построении перспективы комнаты может использоваться больший угол - до 53 градусов. Посмотрите еще раз на иллюстрацию выше - больший угол означает, что человек смотрит с более близкого расстояния. А как найти это расстояние на картине? Его показывают дистанционные точки (вы еще помните, DP=SP?)

При построении перспективы интерьера, расстояние от главной точки картины до дистанционных точек будет равно примерно 1,5-2 диагонали картины.

DP=2 диагонали картины

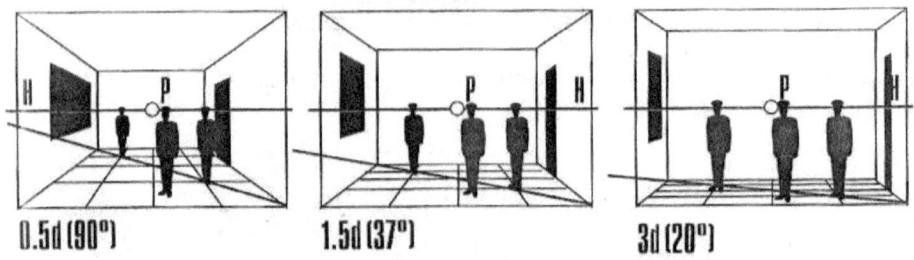

Выбор дистанционного расстояния.

К слову, на выставке картины стоит смотреть также на расстоянии, примерно равном 1,5 - 2 диагоналям картины - так она будет находиться в поле лучшего видения.

Для чего это все вам знать, если художник использует в основном наблюдательную перспективу?

Дело в том, что понимая, как строится перспектива, вам будет проще рисовать ее "на глаз". И грубых ошибок вы уже точно не допустите.

ПЕРСПЕКТИВА КОМНАТЫ. ЧАСТЬ 2 - ПЕРСПЕКТИВНЫЙ МАСШТАБ.

Итак, вы уже знаете, что такое главная точка картины и точки схода. Теперь о том, как это знание поможет построить простую перспективу интерьера.

Для начала давайте построим в перспективе пол предполагаемой комнаты:

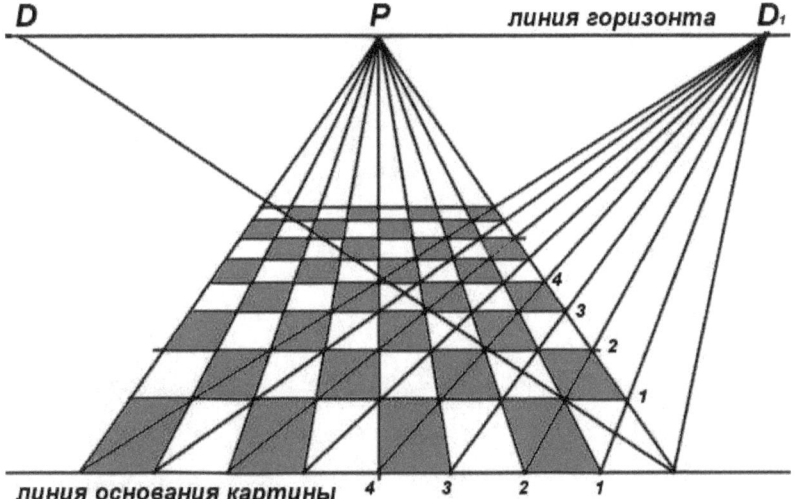

Как это сделать?

Сначала вы проводите 2 линии: линию основания картины (это будет ближняя к нам граница комнаты) и линию горизонта. Затем на линии горизонта отмечаете точки P, D и D1. Потом на линии основания картины отмечаете равные отрезки и проводите линии от найденных точек сначала к P, потом к D или D1. Заметьте, когда вы соединяете концы отрезка с дистанционной точкой, на линии, идущей от 0 до P откладывается тот же размер в глубину. Остается только провести горизонтали через найденные точки пересечения.

Получается практически готовый пол. Одно но: выглядит он несколько вывернутым, в реальности такого не увидишь. Почему так получилось? Вспомните, в первой части я говорила о том, что желательно, чтобы расстояние PD было примерно равно 1,5-2 диагоналям картины. Если точки D поставить дальше, получается более правдоподобная картинка:

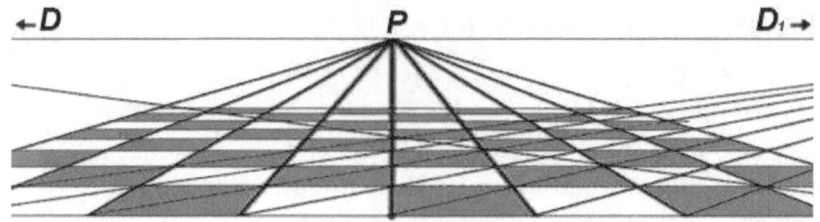

Кстати, подобный рисунок пола очень любили использовать мастера итальянского Возрождения, он замечательно задает **масштаб**:

Джорджоне, "Мадонна Кастельфранко"

Ну и у более современных художников можно встретить такую разметку:

Николай Ге, "Петр I допрашивает царевича Алексея Петровича в Петергофе"

Для того, чтобы построить перспективу комнаты в целом, мы будем использовать перспективный масштаб.

Допустим, размеры комнаты нам известны, ну, скажем, 4х4 м. Также известна высота помещения и высота линии горизонта (на уровне глаз). Имея план комнаты, мы можем построить ее перспективу.

Задайте себе удобный масштаб для построения, например 1м=5см. Начертите в этом масштабе рамку картины - ее размер будет равен ширине и высоте комнаты, и проведите линию горизонта.

Дальше произвольно отмечаете *главную точку* P и *дистанционные точки*. Чтобы найти нужный размер в глубину, откладываете его на рамке картины и соединяете с точкой D, как в примере с паркетом. Так вы можете найти **масштаб глубин.**

Чтобы найти вертикальный размер, опять же откладываете его на рамке, но только в высоту, и соединяете с точкой P.
Получается **масштаб высот.**

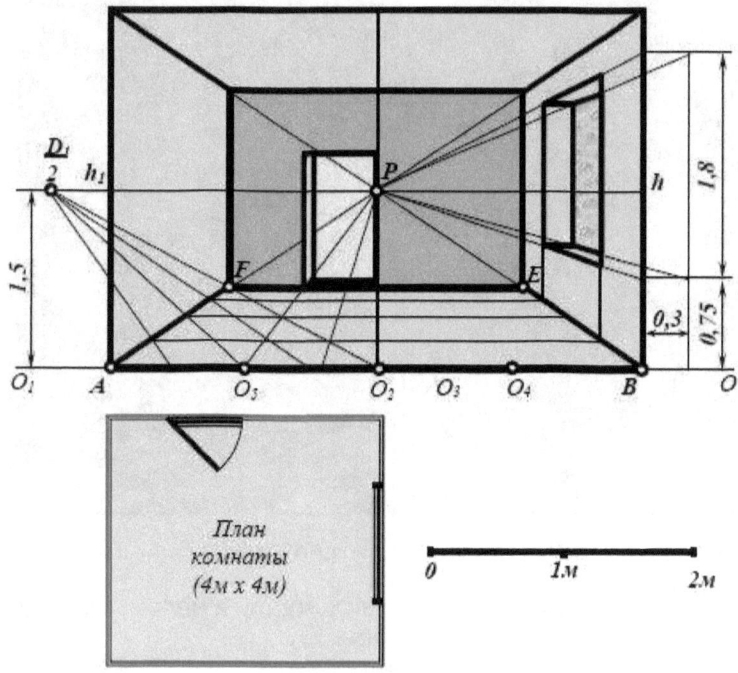

Посмотрите на рисунок, вроде бы все достаточно понятно. Только один момент, с которым мы еще не сталкивались: обратите внимание, вместо точки D1 используется D1/2. Это *дробная дистанционная точка.*

Для чего она нужна? Если расстояние PD будет очень большим, точка D просто не поместится на листе бумаги. Придется подклеивать еще листы и искать длинную линейку. Чтобы этого не делать, можно расстояние PD поделить. Например, пополам. И поставить на линии горизонта точку D1/2, которая для построений будет удобнее. Но в этом случае размеры для определения масштаба глубины тоже придется делить пополам. То есть, чтобы отложить 2 м в глубину, нужно D1/2 соединить с точкой 1 м (на рисунке это О1), и так далее.

Чтобы заполнить комнату мебелью, желательно ее тоже обозначить на плане. Тогда, расчертив пол сеткой (любой удобной, например 50 x 50 см), можно найти положение этой мебели в комнате (высота также откладывается на вертикальной рамке):

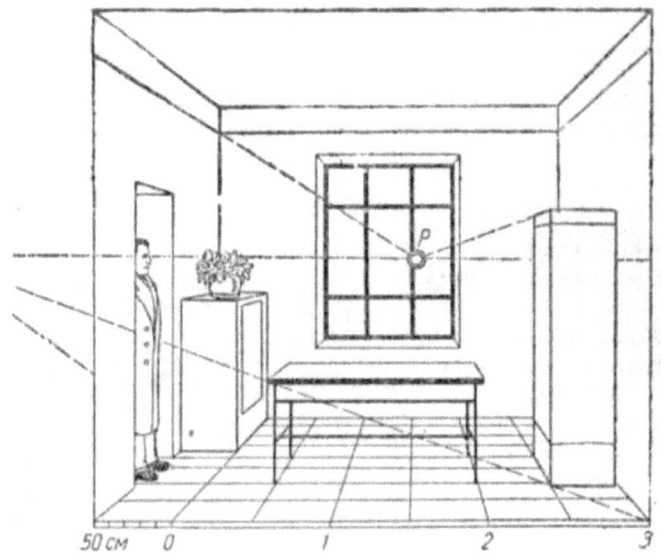

С помощью сетки вообще можно построить перспективу чего угодно:

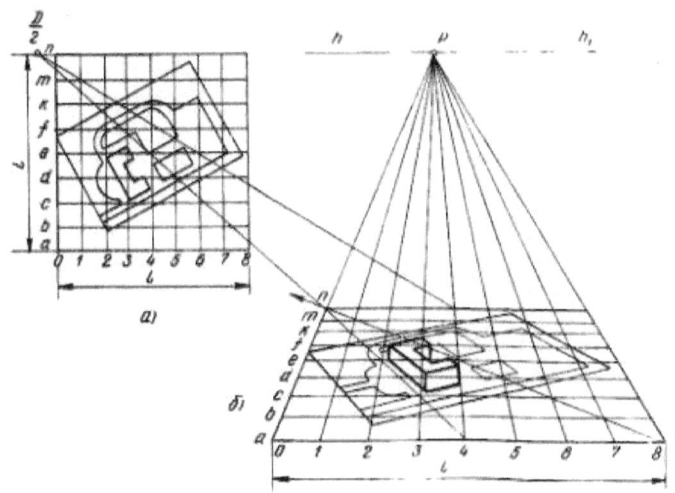

Теперь вы знаете, как построить фронтальную перспективу интерьера. При рисовании же с натуры, самое сложное - это абстрагироваться, постараться смотреть на помещение не изнутри, а как будто на небольшом расстоянии. Это поможет избежать в рисунке перспективных искажений.

УГЛОВАЯ ПЕРСПЕКТИВА.

До сих пор мы рассматривали прежде фронтальную перспективу, то есть перспективу, при которой параллельные линии сходятся в главной точке зрения Р или параллельны краю картины.

В прямой перспективе используется только 1 точка схода. Однако, стоит развернуть предмет относительно вертикальной оси, для его изображения потребуются уже 2 точки схода.

Вид перспективного построения, где используются 2 точки схода прямых, называется **угловой перспективой**.

Ключевым моментом в перспективном рисунке предметов, расположенных под углом к зрителю, будет нахождение точек схода. Если вы неправильно расположите эти точки, предмет, который вы строите, будет казаться искаженным.

Как же их найти?

Самый простой вариант - когда предметы развернуты под углом 45` по отношению к взгляду художника. Помните, когда мы строили перспективу комнаты, диагонали квадратов сходились в дистанционных точках? Поскольку угол диагоналей именно 45`, можно предположить, что при угловой перспективе и стороны предметов, расположенных под этим углом, будут направлены также в дистанционные точки:

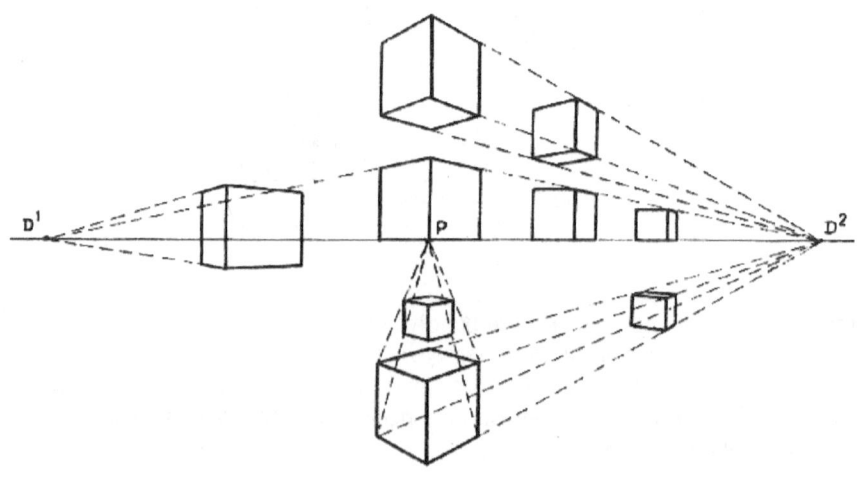

Итак, в этом случае обе точки схода для параллельных линий будут находиться на равном расстоянии от главной точки зрения P и совпадать с дистанционными.

Если предмет развернут под любым другим углом, точки схода будут находиться на разном расстоянии от P, причем чем ближе к P 1-я точка схода, тем дальше от нее 2-я:

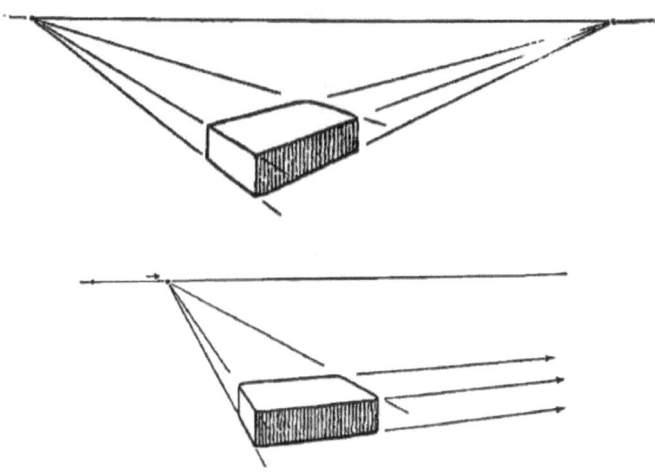

Если вы вытянете руки параллельно сторонам предмета, который хотите изобразить в перспективе (например, здания), вы покажете прямо на точки схода:

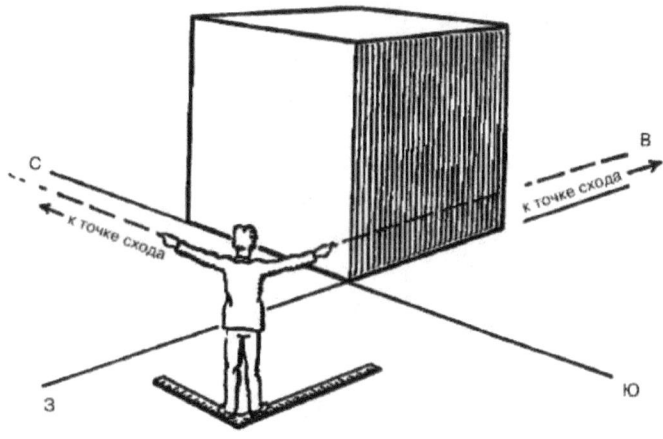

НАПРАВЛЕНИЕ ТОЧЕК СХОДА

Самая частая ошибка, которую допускают при построении угловой перспективы, это слишком близко расположенные точки схода параллельных линий.

ИЗБЕГАЙТЕ ИСКАЖЕННОЙ ПЕРСПЕКТИВЫ

Точки схода разнесены далеко. Правильно.

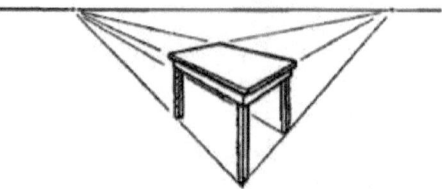

Точки схода разнесены близко. Неправильно.

- *Проверить себя очень просто: ближайший к вам угол прямоугольного предмета в перспективном рисунке должен выглядеть тупым. Если этот угол 90` или меньше, значит, точки схода слишком сблизились друг с другом.*

Поскольку расположение точек схода зависит от того, как развернут предмет к художнику, в одном и том же рисунке может быть как центральная, так и угловая перспектива:

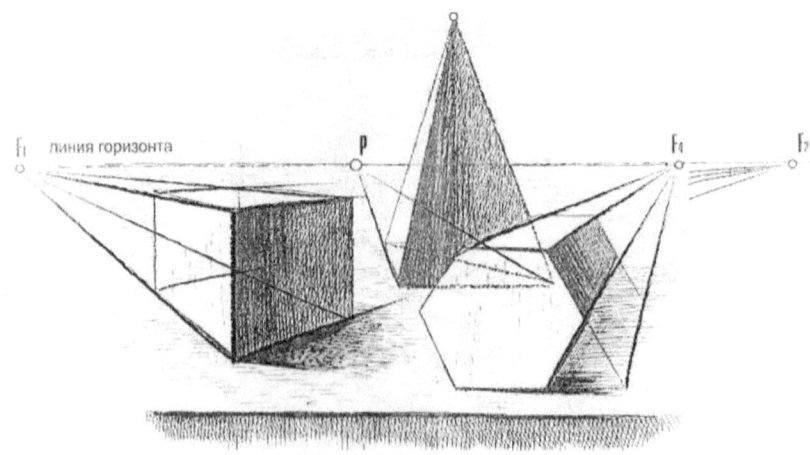

- *В натюрморте для каждого предмета приходится искать собственные точки схода.*

Чтобы окончательно разобраться с тем, что такое угловая перспектива, я предлагаю сделать 2 задания:

- Проанализировать фотографию или картину с точки зрения перспективы. Не на компьютере, а на бумаге - то есть, взять линейку и карандаш и найти линию горизонта и точки схода параллельных линий. Например, так:

Ге, "Петр I допрашивает царевича Алексея Петровича в Петергофе"

- Составьте натюрморт из прямоугольных предметов, таких, как книги или коробки. Расположите их под разными углами и попробуйте наметить их положение в перспективе.

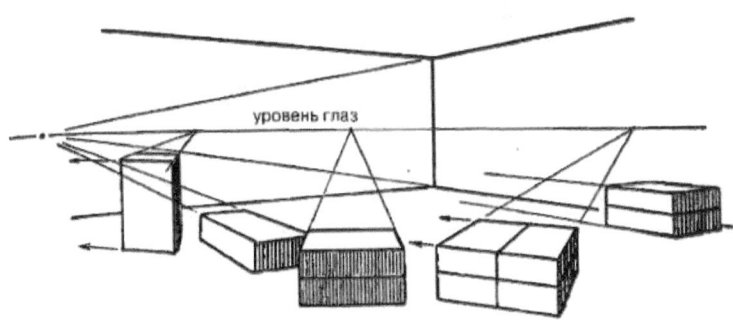

А я хочу еще раз напомнить, что в рисовании используется прежде всего наблюдательная перспектива. То есть, вы не строите предметы, а рисуете то, что видите. А поскольку точка схода параллельных линий часто находится далеко за пределами листа, важно уметь видеть прежде всего угол разворота предметов. Если визуально этот угол оценить трудно, можно использовать простой прием: вытянуть руку с карандашом и совместить его с видимой гранью объекта - так легче уловить направление линий.

КРУГИ В ПЕРСПЕКТИВЕ - ПРОСТО!

Казалось бы, это парадокс, но сложные линии и формы рисовать часто оказывается намного легче, чем простые.

Может, дело в привычке, в школе мы с первого класса учимся пользоваться циркулем и линейкой, но почти никогда не чертим что-то по лекалу. А может, мы физически устроены так, что рисовать геометрически правильные формы нам тяжело. Однако эта задача, как и любая другая, решается.

Про рисование прямых линий мы уже говорили. Теперь о том, что обычно вызывает намного больше трудностей. Это, как вы понимаете, круги.

Итак, как бы вы стали рисовать круг от руки? Могу предположить, что сначала наметили бы квадрат, а потом постарались бы вписать в него круг. Примерно так:

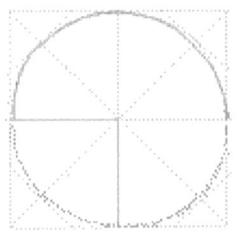

Потренировавшись, можно научиться рисовать довольно ровные круги.

Другое дело, что это умение требуется не так часто. В перспективе идеальный круг мы увидим только в том случае, когда предмет круглой формы будет полностью развернут к нам:

Согласитесь, таким образом предметы стоят не часто.

Гораздо чаще мы можем наблюдать такое расположение:

В перспективе круги превращаются в эллипсы, причем для одного предмета требуется нарисовать несколько эллипсов (посчитайте, сколько их в этой тарелке?).

Как же нарисовать эллипс? Точно так же, как мы рисовали круг!

Это значит, что сначала нарисовать в перспективе квадрат, а потом вписать в него эллипс. В черчении перспектива круга строится по характерным точкам, то есть сначала строят перспективы точек, а потом соединяют их от руки или по лекалу:

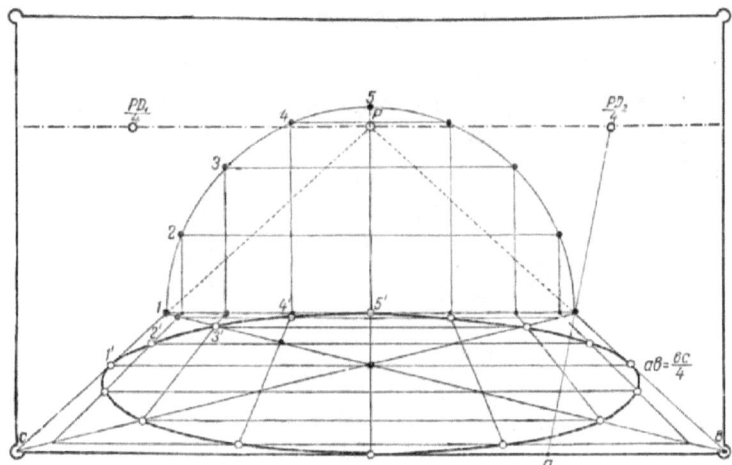

Конечно, чтобы найти положение каждой точки, придется повозиться. Тем более, если учесть, что для одного предмета нам понадобится нарисовать несколько эллипсов.

Но, поскольку мы все же занимаемся не начертательной геометрией, а рисунком, нам таких точек достаточно 4 - там, где окружность пересекается со сторонами квадрата.

То есть, задача сводится к тому, чтобы нарисовать в перспективе квадрат под нужным углом, и уже в него вписать наш эллипс:

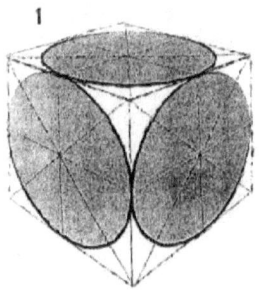

- *Только обязательно прорисовывайте оси эллипса (в квадрате это линии, которые делят его пополам по вертикали и*

горизонтали). Без них форма может съехать куда-нибудь в сторону.

Теперь о том, что происходит в перспективе с кругами, расположенными на разной высоте.

Надо сказать, и с кругами, и с квадратами в перспективе происходят одни и те же трансформации:

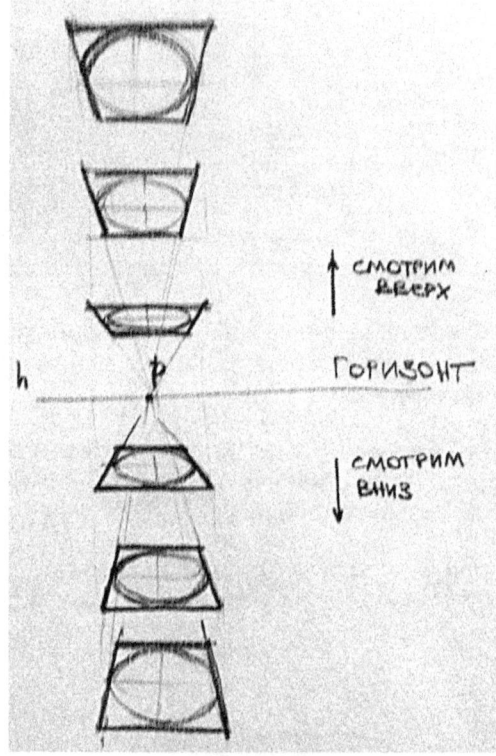

Видно, что чем ближе к линии горизонта (то есть к уровню глаз), тем уже изображение в перспективе. Если квадрат или круг будет лежать на линии горизонта, то он и сам превратиться в линию. Если мы смотрим на него сверху вниз (или снизу вверх), перспективные искажения минимальны.

Для чего нужно это знать?

Если вы рисуете натюрморт, это очень заметно при изображении предметов, вытянутых по вертикали: бутылок, кувшинов, того же цилиндра.

Посмотрите, как строятся окружности на этом рисунке:

Чем ниже на вазе находится эллипс, тем больше он раскрывается, превращаясь на уровне глаз в прямую линию. Эллипс на шарике раскрыт больше, чем расположенный выше эллипс на вазе, но меньше, чем тот, что находится ниже в пространстве.

На этом рассказ о перспективе круга, применительно к рисунку, можно закончить. В качестве тренировки попробуйте нарисовать с натуры чашку, изучите ее строение. Попробуйте построить ее в разных ракурсах, и думаю, что трудностей в рисовании эллипсов у вас возникать не будет.

ПЕРСПЕКТИВА СЛОЖНЫХ ТЕЛ.

Ну что же, мы уже достаточно много знаем о перспективе. В принципе, с построением перспективы простых геометрических тел трудностей возникать не должно. Когда вы рисуете предметы, форма которых может быть сведена к параллелепипеду (книги, коробки и т. п.), достаточно помнить о том, что прямые линии будут сходиться в одной точке, и эта точка находится на горизонте.

А вот как строить перспективу предметов **сложной формы**?

Есть один довольно простой прием. Когда нужно нарисовать что-то достаточно сложное по форме, можно для облегчения себе задачи использовать **обертывающий объем**. Что это такое?

В главе о перспективе круга я говорила о том, что для того, чтобы нарисовать круг, нужно сначала нарисовать квадрат, а затем уже вписать круг в него. То же самое мы делаем и в объеме, только квадрат заменяем на параллелепипед. Посмотрите, как это выглядит на примере цилиндра:

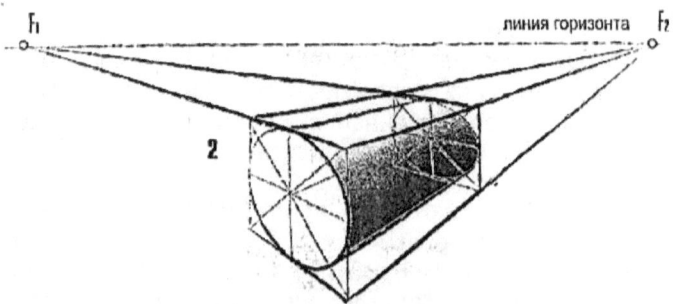

Цилиндр как будто заключен в стеклянный ящик, стенки которого соприкасаются с боками самого цилиндра. Этот "ящик" и называется *обертывающим объемом*.

Как вы понимаете, это вспомогательный инструмент, в законченной работе он не сохраняется (хотя мне нравится, когда в рисунках видны линии построения, это дает представление о том, как работал художник).

В обертывающий объем можно заключить любую, самую сложную поверхность.

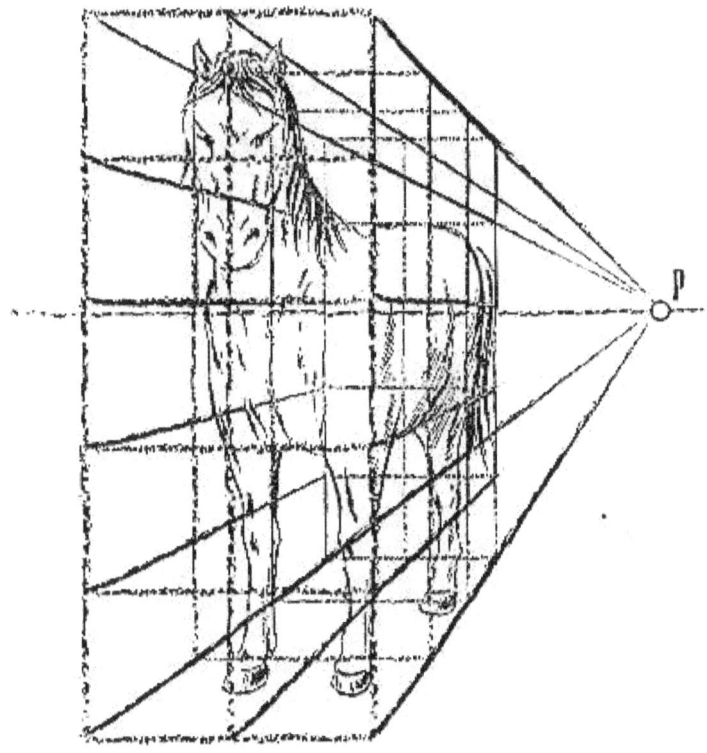

ПЕРСПЕКТИВА ЖИВОТНОГО В ОБЕРТЫВАЮЩЕЙ ПОВЕРХНОСТИ

Работа с использованием обертывающей поверхности ведется от общего к частному.

Алгоритм будет примерно таким:

- Определить общий размер предмета и основные пропорции (высота, ширина), наметить на бумаге границы "ящика".
- Обозначить центральные оси на гранях обертывающего объема.
- Вычленить крупные детали, намерить их в перспективе (перспективные сокращения соотносятся с гранями "ящика").

- Прорисовать мелкие детали.
- В принципе, все уже сделано. Можно вспомогательные линии стереть ластиком или слегка облегчить с помощью формопласта.

Для чего нужен обертывающий объем?

- Во-первых, он позволяет рисовать в перспективе сложные предметы.
- Во-вторых, в общей композиции рисунка проще найти место для этого предмета, определить, какую часть листа он должен занять и какого размера должен быть.
- И в-третьих, поскольку рисунок идет от общего к частному, помогает избежать одной из самых распространенных ошибок начинающих, когда человек вначале сосредотачивается на рисовании мелких деталей и в результате не может собрать эти детали в одно целое.

ЧТО ТАКОЕ ЗОЛОТОЕ СЕЧЕНИЕ.

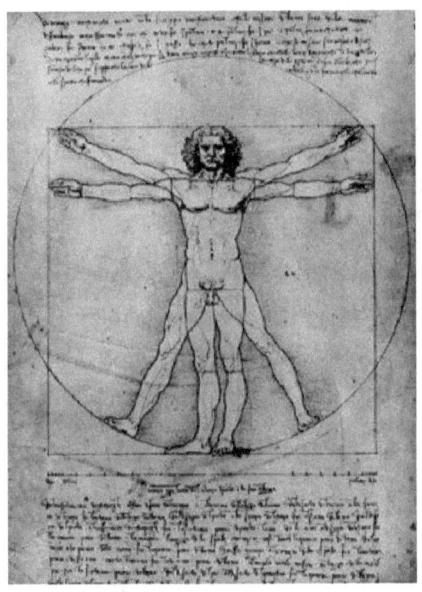

Леонардо да Винчи, «Витрувианский человек»

Понятие **«Золотое сечение»** уже давно стало синонимом слова «гармония». Словосочетание «золотое сечение» обладает просто магическим действием. Если вы выполняете какой-то художественный заказ (неважно, картина это, скульптура или дизайн), фраза «работа сделана в полном соответствии с правилами золотого сечения» может стать прекрасным аргументом в вашу пользу – проверить заказчик скорее всего не сможет, а звучит это солидно и убедительно.

При этом немногие понимают, что же скрывается под этими словами. Между тем, разобраться, в том, что такое золотое сечение и как оно работает, достаточно просто.

- *Золотое сечение – это такое деление отрезка на 2 пропорциональные части, при котором целое так относится к большей части, как большая к меньшей.*

Математически эта формула выглядит так: $c : b = b : a$ или $a : b = b : c$.

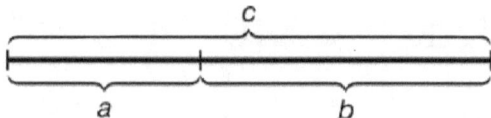

Итогом алгебраического решения данной пропорции будет иррациональное число φ (в честь древнегреческого скульптора Фидия).

Я не буду приводить само уравнение, чтобы не загружать текст. При желании, его можно легко найти в сети. Скажу только, что φ будет приблизительно равным 1,618. Запомните эту цифру, это числовое выражение золотого сечения.

Итак, золотое сечение – это правило пропорции, оно показывает соотношение частей и целого.

На любом отрезке можно найти «золотую точку» - точку, которая делит этот отрезок на части, воспринимаемые как гармоничные. Соответственно, так же можно разделить любой объект. Для примера построим прямоугольник, поделенный в соответствии с «золотой» пропорцией:

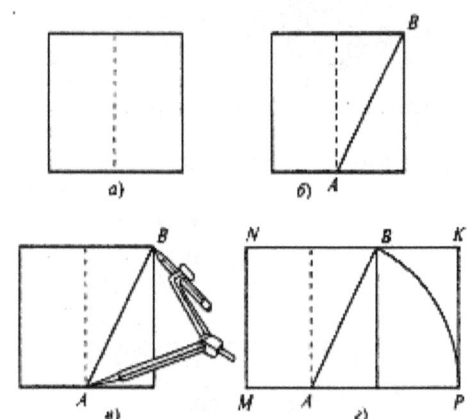

Отношение большей стороны получившегося прямоугольника к меньшей будет приблизительно равно 1,6 (заметьте, меньший прямоугольник, получившийся в результате построений, также будет золотым).

Вообще, в статьях, объясняющих принцип золотого сечения, встречается множество подобных рисунков. Объясняется это просто: дело в том, что найти «золотую точку» путем обычного измерения проблематично, поскольку число φ, как мы помним, иррациональное.

Зато, такие задачи легко решаются геометрическими методами, с помощью циркуля и линейки.

Однако, наличие циркуля для применения закона на практике совсем не обязательно. Есть ряд чисел, которые принято считать арифметическим выражением золотого сечения. Это *ряд Фибоначчи*. Вот этот ряд:

0 1 1 2 3 5 8 13 21 34 55 89 144 и т.д.

Запоминать эту последовательность не обязательно, ее можно легко вычислить: каждое число в ряду Фибоначчи равно сумме двух предыдущих 2 + 3 = 5; 3 + 5 = 8; 5 + 8 = 13, 8 + 13 = 21; 13 + 21 = 34 и т.д., а отношение смежных чисел ряда приближается к отношению золотого деления. Так, 21 : 34 = 0,617, а 34 : 55 = 0,618.

Один из самых древних (и довольно часто встречающихся до сих пор) символов, пентаграмма – прекрасная иллюстрация принципа золотого сечения.

В правильной пятиконечной звезде каждый отрезок делится пересекающим его отрезком в пропорции золотого сечения. Может быть, это одна из причин привлекательности этого символа?

Почему же «золотая пропорция» представляется такой гармоничной?

У теории золотого сечения есть масса как сторонников, так и противников. Вообще, идея о том, что красоту можно измерить и просчитать с помощью математической формулы, симпатична далеко не всем.

И, возможно, эта концепция действительно казалась бы надуманной математической эстетикой, если бы не многочисленные примеры природного формообразования, соответствующие золотому сечению.

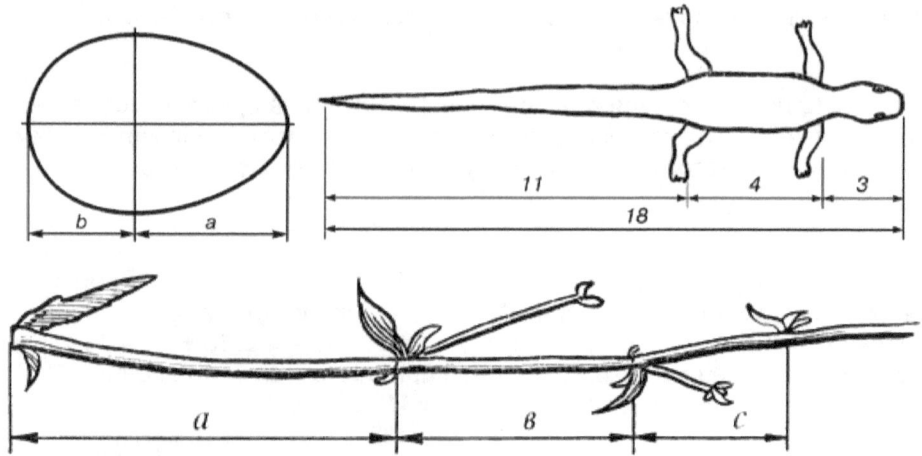

Сам термин «золотое сечение» ввел Леонардо да Винчи. Будучи математиком, да Винчи также искал гармоничное соотношение для пропорций человеческого тела. Вот, как он описывал идеальную пропорцию:

> *«Если мы человеческую фигуру — самое совершенное творение Вселенной — перевяжем поясом и отмерим потом расстояние от пояса до ступней, то эта величина будет относиться к расстоянию от того же пояса до макушки, как весь рост человека относится к длине от пояса до ступней... Если теперь измерим длину от макушки до среднего пальца, когда руки опущены «по швам», то эта величина по отношению к расстоянию от среднего пальца до ступни составит то же число, что и отношение всего роста. Это отношение воплощено в человеке и оно — самое прекрасное в природе. Эллины знали его, оно описано у великого математика Эвклида. Это отношение я назвал „золотым сечением"».*

Деление тела точкой, в которой находится пупок, – важнейший показатель золотого сечения. Пропорции мужского тела колеблются в пределах среднего отношения 13 : 8 = 1,625 и несколько ближе подходят к золотому сечению, чем пропорции женского тела, в отношении которого среднее значение пропорции выражается в соотношении 8 : 5 = 1,6. У новорожденного пропорция составляет отношение 1 : 1, к 13 годам она равна 1,6, а к 21 году равняется мужской. Пропорции золотого сечения проявляются и в отношении других частей тела – длина плеча, предплечья и кисти, кисти и пальцев и т.д.

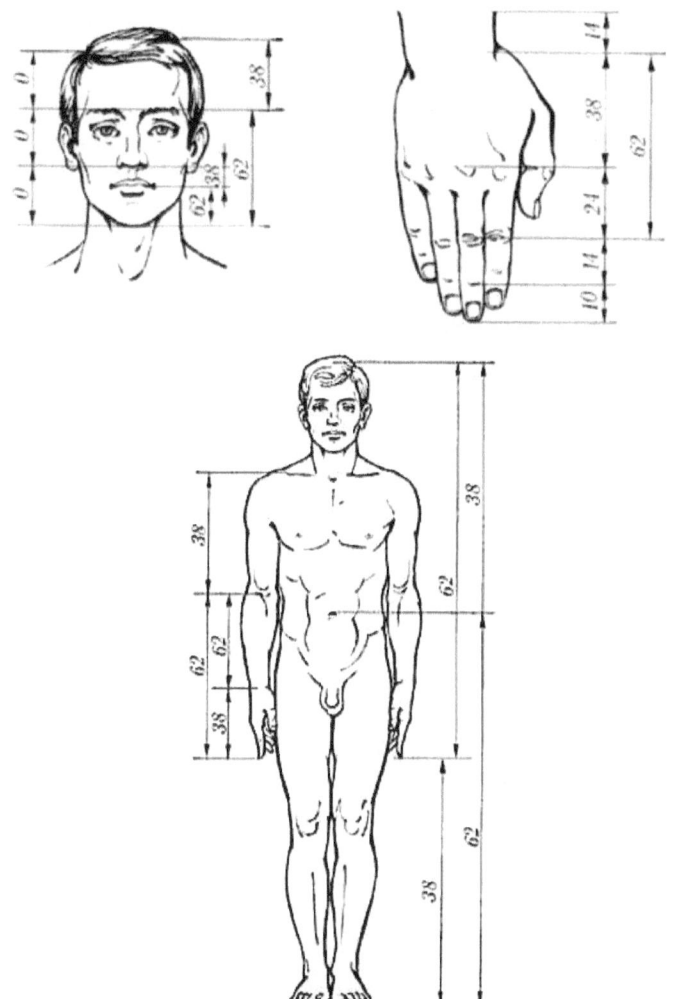

Постепенно, золотое сечение превратилось в академический канон, и когда в искусстве назрел бунт против академизма, про золотую пропорцию на время забыли. Однако, в середине XIX века эта концепция вновь стала популярной благодаря трудам немецкого исследователя Цейзинга. Он проделал множество измерений (около 2000 человек), и сделал вывод, что золотое сечение выражает средний статистический закон.

Помимо людей, Цейзинг исследовал архитектурные сооружения, вазы, растительный и животный мир, стихотворные размеры и музыкальные ритмы. Согласно его теории, золотое сечение является абсолютом, универсальным правилом для любых явлений природы и искусства.

Принцип золотой пропорции применяется в разных сферах, не только в искусстве, но и в науке и в технике. Будучи настолько универсальной, эта концепция, конечно, вызывает множество сомнений, поскольку трудно поверить в существование правила без исключений. Часто проявления золотого сечения объявляются результатом ошибочных вычислений или простого совпадения (а то и подтасовки). В любом случае, к любым замечаниям, как сторонников теории, так и противников, стоит относиться критически.

КОМПОЗИЦИЯ ПО «ЗОЛОТОМУ СЕЧЕНИЮ».

Половина успеха картины зависит от того, насколько грамотно продумана композиция. Я по личному опыту могу сказать, если вы поступаете в художественный ВУЗ, плохо закомпонованный рисунок не может получить высокий балл, даже если все остальные показатели достаточно хорошие. То же относится и к картинам, неудачная композиция может сильно испортить впечатление от работы.

Поэтому так важно уметь компоновать правильно. Если вы изначально плохо расположите предметы в картине, исправить это будет уже невозможно.

Итак, как же строить композицию, чтобы работа воспринималась гармонично? Рисунок всегда начинается с того, что вы легкими линиями намечаете положение основных предметов в листе - не важно, рисуете вы куб или многофигурную постановку. Мы с вами уже разобрались в том, что такое "золотое сечение", теперь я расскажу, как применять эти знания на практике.

Вы помните про *числовой ряд Фибоначчи*?

Напомню первые цифры ряда:

0   1   1   2   3   5   8   13 ... и так далее...

И вы, конечно, помните, что числа Фибоначчи выражают пропорциональные соотношения между частями. То есть, чтобы работа воспринималась гармонично, нужно целое разделить на соответствующее количество частей. Может быть, пока немного непонятно, давайте рассмотрим на примере.

Возьмем процентное соотношение 3/5/8.

Попробуйте мысленно или легкими линиями поделить лист на 8 равных частей (не обязательно строго по линейке, можно на глаз).

Линия, отделяющая 3/8 будет использоваться для расположения **значимых объектов.**

Допустим, вы рисуете пейзаж, ориентация листа альбомная. Тогда на высоте 3/8 будет располагаться линия горизонта:

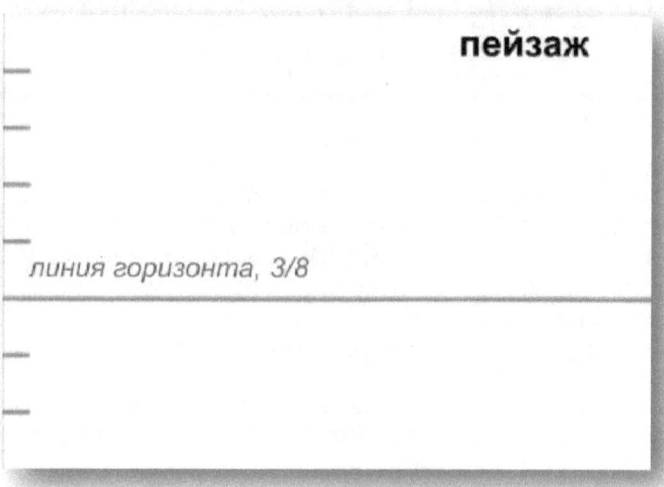

Если это портрет, на линии 3/8 вы расположите линию глаз:

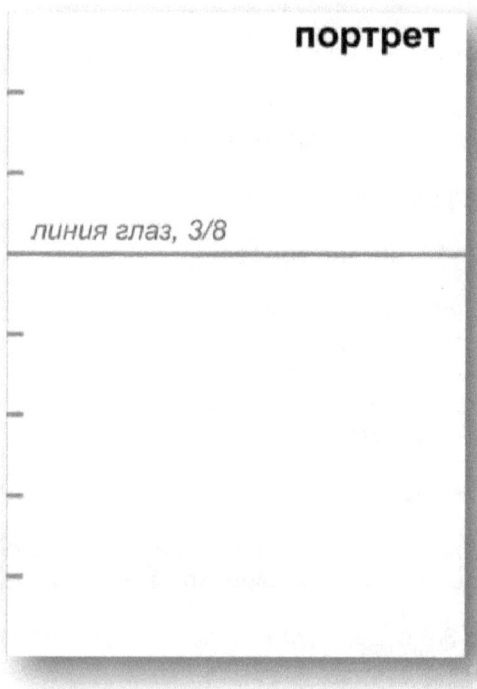

Это самое простое, что можно сделать. Далее можно нарастить сетку, то есть добавить значимые линии не только по горизонтали, но и по вертикали. Вот так:

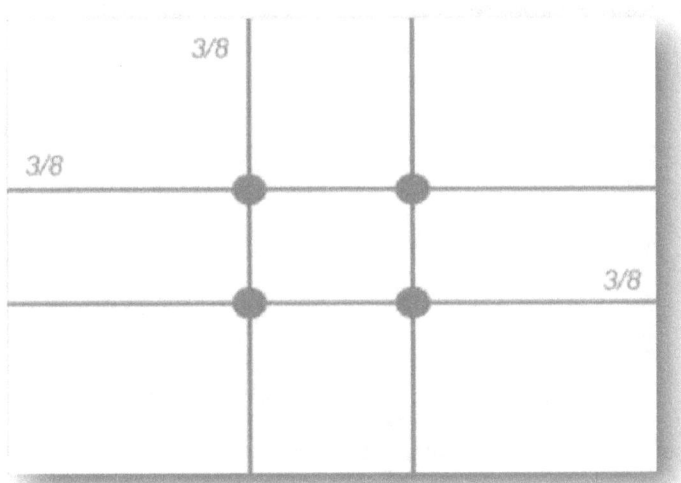

На пересечении линий находятся важные точки картины, в них стоит располагать узловые предметы и ставить акценты.

Это вариант сетки для пропорций 3/5/8. Однако наиболее часто используется сетка для соотношений 1/2/3. Вот, как она выглядит:

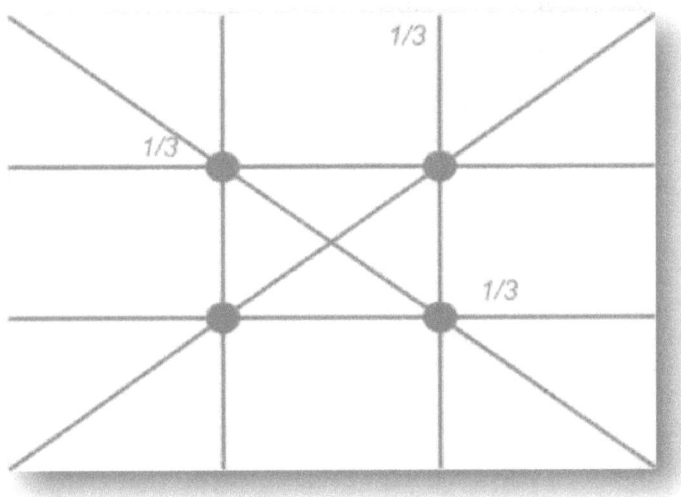

Вы видите, что диагонали проходят через узловые точки. Диагонали не менее важны, это главные направления - желательно их также использовать в вашей композиции.

Как это выглядит на практике. Для примера я взяла свою работу, которую писала еще в институте:

Обратите внимание, как располагаются предметы относительно главных линий и узловых точек картины.

Разумеется, рисовать такую сетку изначально не обязательно (и даже нежелательно). Строгое линейное соответствие сетке тоже не нужно. Достаточно просто помнить о ней, и ставить оси предметов приблизительно. Потренируйтесь находить гармоничные соотношения на глаз, а потом попробуйте наложить сетку на готовый рисунок. Немного практики, и вы удивитесь, насколько результат будет близок к "золотому сечению"!

КОМПОЗИЦИЯ КАРТИНЫ НА ПРИМЕРАХ.

В прошлой главе мы с вами говорили о сетке, которую можно использовать при компоновке рисунка. Здесь я хочу проиллюстрировать материал и еще раз напомнить о том, как важна **композиция** для живописных работ.

Посмотрите, что получится, если наложить композиционную сетку на картины известных художников (я старалась выбирать максимально узнаваемые). Комментировать не буду. Просто посмотрите, как расположены предметы (фигуры) и их оси относительно основных линий картины, чем поддерживаются (если поддерживаются) диагонали и что попадает на узловые точки.

Поль Сезанн, "Пьеро и Арлекин"

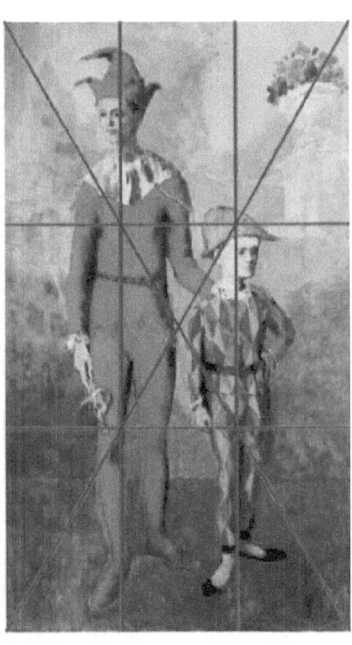

Пабло Пикассо, "Акробат и Арлекин"

Василий Суриков, "Боярыня Морозова"

Карл Брюллов, "Последний день Помпеи"

Эдгар Дега, "Голубые танцовщицы"   Поль Гоген, "Когда ты выйдешь замуж"

Сальвадор Дали, «Сон, вызванный полётом пчелы вокруг граната за секунду до пробуждения»

Веласкес, "Менины"

Василий Перов, "Охотники на привале"

Валентин Серов, "Дети"

Александр Иванов, "Явление Христа народу"

ЛЮБИМЫЕ ОШИБКИ НАЧИНАЮЩЕГО ХУДОЖНИКА.

Я уже как-то упоминала о том, что рисуя даже такой простой предмет, как кубик, можно наделать кучу ошибок. Сейчас я бы хотела подробнее остановиться на этих ошибках, поскольку их делают практически все. Давайте их рассмотрим на примере того же кубика.

1. **Первая группа - ошибки линейной перспективы** (в рисунке гипсовых примитивов они сильнее всего бросаются в глаза).

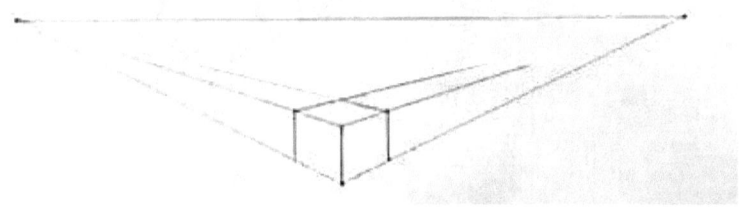

Точки схода для параллельных линий обычно находятся далеко за пределами рисунка, поэтому просто провести линии до этих точек не получается. Угол наклона берется на глазок, отсюда ошибки.

- *Отсутствие перспективы - изометрия.* Все линии параллельны друг другу, перспективных сокращений нет.

- *Обратная перспектива* - линии сходятся, но не на горизонте, а перед предметом, дальние грани получаются по размеру больше ближних - отсюда впечатление вывернутости.

- *Слишком сильные перспективные сокращения*, чрезмерное искажение.

2. Следующая группа ошибок - ошибки построения.

Это нарушение размеров и пропорций. Думаю, подробных объяснений не требуется, предмет на рисунке выглядит не так, как в реальности.

3. Ошибки в композиции.

Предмет сдвинут вправо или влево, расположен слишком высоко или слишком низко.

На этом рисунке кубик слишком сдвинут к правому краю. Край стола практически параллелен краю рисунка - такого расположения тоже нужно избегать.

Предмет может быть слишком большим в пространстве листа.

Или слишком маленьким. Тогда возникает дополнительная проблема - чем заполнить пустоту?

Пожалуй, на этом можно закончить.

А, в заключение, вот вам небольшое задание: это учебный рисунок:

Попробуйте оценить его с точки зрения преподавателя: какие в работе допущены ошибки, что хорошо, а что можно добавить?

ПОЧЕМУ НЕ ПОЛУЧАЕТСЯ?

Бывает так, что человек хотел бы научиться рисовать, но что-то ему мешает. И тогда он говорит что-нибудь вроде: "у меня не получается", "наверное, у меня нет способностей", "тут нужен талант". Меня такие фразы расстраивают ужасно. Очень хочется спросить в ответ: "А ты точно пробовал? А сколько рисунков сделал, прежде чем решить, что ничего не выйдет?".

Я глубоко убеждена, что при достижении любой цели возникают не столько внешние барьеры, сколько внутренние. И мне ужасно жаль, что в нашей памяти не сохраняются воспоминания о том, как мы учились ходить - какой мощный был бы стимул учиться чему-то в будущем! В самом деле, это ведь не так просто. Ребенок падает, иногда довольно больно ушибается, но снова встает и пробует шагать - и это может растянуться на месяцы. И нет ни одного человека, который бы в конечном итоге не научился (если конечно, у него нет серьезных физических проблем).

- А представьте, вы бы встретили такого? Лет 30-ти, передвигается на четвереньках. «Ходить? Вы знаете, у меня нет к этому способностей. Я пробовал, но у меня ничего не получилось. Наверное, это не мое»...

Почему-то, впервые взяв карандаш, человек ожидает, что его рисунок будет идеален. И если не выходит сделать сразу хорошо, у него опускаются руки. Хочу вас «успокоить», идеального изображения у вас не получится даже через годы. Все же человек – не компьютер, он всегда будет делать так, как может, но не идеально. Так что расстраиваться из-за первых неудач точно не стоит.

Конечно, проблема тех, у кого "не получается" не столько в лени, сколько в страхе. В детстве, особенно в раннем, нет боязни сделать что-то не так. Хотя бы потому, что ребенок еще не знает, как должно быть "правильно".

А еще есть реальная, не внутренняя, проблема, тормозящая творчество многих людей, - это, на мой взгляд, широкое распространение фотографии. Ее так много, что эталоном изображения стало фото. Когда хотят сделать комплимент художнику, часто говорят: "Как здорово нарисовано! Прямо как фотография!" (очень прошу, не говорите такого при мне!).

Про фотореализм и свое к нему отношение я уже писала. На мой взгляд, рисунок совсем не обязан быть похож на фотографию! Если вы согласны с этим и не сравниваете художественную работу с фотоснимком, одной проблемой в рисовании у вас меньше, а возможностей для творчества намного больше.

Однако, от страха, что ничего не получится, избавиться бывает не так просто. И иногда из-за него человек даже не пробует рисовать, или бросает это занятие после пары неудачных попыток (да, "нет таланта", я помню). Скажите, если вы когда-нибудь ощущали нечто подобное?

Часто это чувство называют «страхом чистого листа».

Давайте попробуем разобраться, что за этим скрывается.

СТРАХ ЧИСТОГО ЛИСТА.

рисунок Херлуфа Бидструпа

ОТКУДА БЕРЕТСЯ СТРАХ ЧИСТОГО ЛИСТА, И КАК С НИМ БОРОТЬСЯ.

Чтобы преодолеть этот страх (как и любые другие страхи), нужно прежде всего разобраться, откуда он берется и что скрывается за ним. Большинство наших страхов исчезают в тот момент, когда вы начинаете понимать, что они из себя представляют. В ситуации, когда прямой угрозы нет, пугает иррациональное, а что-то понятное и определенное может, ну разве что, вызывать небольшой дискомфорт. И тот легко преодолевается, если вы знаете причины его возникновения.

В страхе чистого листа я бы выделила 2 аспекта:

1. **Страх неопределенности;**
2. **Страх, что реальный результат вашей работы не будет соответствовать задуманному.**

Давайте разберемся в этом более подробно.

ПЕРВОЕ, ЭТО СТРАХ НЕОПРЕДЕЛЕННОСТИ.

Чистый лист - это масса возможностей. Первые мазки могут принадлежать любой картине, вариантов того, во что это может вылиться, слишком много.

Кроме того, сама пустота довлеет, она мешает художнику в работе, привлекая к себе избыточное внимание. Ведь в готовой картине чисто белого цвета или нет вообще, или крайне мало. И расположены белые пятна в строго определенных местах - скорее всего, это блики, которых по определению не может быть очень много. А если белый занимает большую часть изображения?

Поэтому, первая задача - это избавиться от чистого листа (или холста) как можно скорее. Не в смысле сжечь, а в смысле заполнить белые участки.

Если это рисунок, то нанести легкий тон по всей плоскости листа. Не рисовать отдельно предмет, чтобы потом добавить к нему фон, а работать над фоном и предметом одновременно. Создавать среду. Пусть даже сразу нужный тон не получится (так скорее всего и будет), но когда есть хоть какой-то тон, над ним уже можно работать. Где-то усиливать, где-то высветлять. При этом страха белого листа вы уже не испытываете, ввиду отсутствия предмета страха. Просто работаете.

В живописи первая стадия работы - это подмалевок. Задача та же: закрыть всю поверхность. То есть, первоначально вы находите место основных цветовых пятен, их взаимное расположение. Подмалевок может выглядеть как витраж из крупных фрагментов. Объем, детали, рефлексы появляются на следующей стадии работы.

Когда я училась, преподаватели не подходили и не давали советов, пока лист не был заполнен. Просит человек: "Посмотрите", ему отвечают: "Тут еще не о чем говорить. Закрой все белые пятна". И правильно делали. Потому что когда все белые пятна пропадали, вместе с ними часто пропадали и многие вопросы. Как-то понятней становилось, что делать дальше.

Если краски требуют грунтованной основы, многие художники используют цветной грунт. Часто просто маслом, оставшимся на палитре, грунтуют свежий холст на будущее. А иногда даже берут за основу готовую, но не слишком удавшуюся картину. Переворачивают ее вверх тормашками и пишут поверх что-то новенькое. Тогда пустоты и неопределенности нет изначально, зато есть множество зацепок для будущей работы.

ДРУГОЙ АСПЕКТ ПРОБЛЕМЫ, - ЭТО СТРАХ, ЧТО РЕАЛЬНЫЙ РЕЗУЛЬТАТ ВАШЕЙ РАБОТЫ НЕ БУДЕТ СООТВЕТСТВОВАТЬ ЗАДУМАННОМУ.

Если вам знакомо это чувство, могу вас "обнадежить". Готовая картина **всегда** будет отличаться от идеального образа в голове. Это просто неизбежно.

Хотя бы потому, что в воображении вы видите идеальный образ. Он существует только в вашей голове, даже если вы рисуете с натуры, вы имеете дело с той картинкой, которую формирует ваш мозг. Можно сказать, что это информация в чистом виде.

А для передачи образа художественными средствами, ваш результат зависит не в последнюю от материалов, которые вы используете. И тут полно подводных камней. Акварель течет не туда, куда следует, бумага коробится, гуашь меняет цвет после высыхания. Масло, случайно оставшееся на кисти от предыдущего замеса, вылезает неожиданным пятном, и вы тратите массу усилий на то, чтобы его убрать. Некоторые краски при смешивании образуют жуткую грязь вместо чистого цвета.

В общем, нередко работа художника - это борьба с материалом, управляемая желанием выжать из имеющихся красок необходимый результат, несмотря на их очевидное сопротивление.

Я, конечно, немножко утрирую. Но в целом ситуация складывается примерно таким образом, особенно для начинающих художников. Если это сопротивление материала не преодолеть, легко опустить руки, решив, что раз ничего не получается, то проблема во мне. Руки у меня крюки, а таланта вообще нет.

Но что, если посмотреть на живопись как на игру? Что нужно, чтобы победить?

В первую очередь, мне кажется, стоит присмотреться к сопернику повнимательней. Изучить его сильные и слабые стороны, понять, на что он способен, а чего ему не дано.

В художественных Вузах курс цветоведения является обязательным. Во-первых, потому что он закладывает теоретическую основу для работы с цветом, во-вторых, потому что выполняя на занятиях бесчисленные выкраски, студенты изучают свойства материала, учатся понимать краски и приспосабливаются к ним.

Потому что теоретические представления часто не согласуются с тем, что выходит на практике. Пример: кажется, будто для того, чтобы получить промежуточный цвет между двумя какими-либо цветами, нужно смешать 2 краски в пропорции один к одному. Например, красный + желтый =оранжевый.

А на практике оказывается, что один из пигментов "забивает" другой, и этой краски нужно добавлять чуть меньше. Или на палитре цвет смотрится идеально, а на бумаге после высыхания блекнет (или наоборот, темнеет). И для того, чтобы просто смешать всего 2 краски, но с предсказуемым результатом, уже нужен некоторый опыт.

Если приступить сразу к живописному полотну, без предварительной подготовки, которую дает курс цветоведения, легко впасть в отчаяние, столкнувшись с неизбежными трудностями технического плана.

А трудности в каждом материале свои. Акварель ведет себя не так, как гуашь, а гуашь не так, как масло. Различаются свойства одной и той же краски, выпущенной разными производителями. И важно понимать, что неудачи - это не обязательно следствие нашей бездарности (как мы все склонны считать в приступе пессимизма). Они вполне могут быть результатом недостаточного знакомства с материалом. Лечится это, как вы, наверное, догадываетесь, только практикой.

Это объективное объяснение тому, что готовая картина будет скорее всего отличаться от замысла.

Но есть еще другая сторона вопроса, субъективная, связанная с личным восприятием.

Художники крайне редко бывают на 100% довольны своей работой, даже когда всем остальным кажется, что все в порядке. Замысел - вещь тонкая, не так легко поймать образ, который существует только у вас в голове.

Михаил Врубель, "Демон поверженный"

Картину "Демон поверженный" Михаил Врубель многократно писал и переписывал, порой простаивая у мольберта по 20 часов в день. Уже на выставке, прямо в зале, он несколько раз менял образ, подходя к работе в утренние часы, пока было мало зрителей. Воплощение этого сюжета далось художнику крайне тяжело...

Конечно, такая одержимость - крайний случай, я привожу эту историю как наиболее выразительный пример того, что автор всегда предъявляет к своей работе самые высокие требования. Идеальный образ, к которому он стремится, это что-то вроде морковки, подвешенной перед мордой осла и заставляющей его бежать вперед. Вы уж извините меня за такую метафору...

Но в то же время, недовольство собой - это то, что позволяет художнику расти и совершенствоваться. Кажется, что если в этот раз что-то не вышло так, как было задумано, то в следующий раз получится наверняка. И действительно, с каждой новой картиной мастерство возрастает. Впрочем, растут и требования к себе.

Но представьте себе, если бы этого чувства не было? Вообразите художника, написавшего идеальное, с его точки зрения, полотно. Куда двигаться дальше? Он всего уже достиг, остается только почивать на лаврах. А попытки создать что-то еще будут блокироваться страхом, что в этот раз так хорошо уже не получится.

Нужен ли вам такой идеал?

> *Не бойтесь совершенства. Вам его не достичь. Тем более, что в совершенстве нет ничего хорошего.*
>
> *Сальвадор Дали*

Итак, для преодоления страха чистого листа необходимы всего 3 вещи:

1. Проходить стадию чистого листа как можно быстрее, накладывая карандашный тон или делая подмалевок, избавляясь от белых "провалов";
2. Изучать свойства материалов - не теоретически, а на практике. И тогда будет проще ими управлять.
3. Принять как факт мысль, что законченная работа будет скорее всего отличаться от идеального образа в голове. И если испытываете неудовлетворенность от того, что получилось, будьте благодарны этому чувству. Именно оно толкает нас вперед и позволяет расти и развиваться.

А ЕСЛИ НЕТ ТАЛАНТА?

изображение с сайта www.freakingnews.com

Что ж, наверное, пора поговорить и о таланте. Хотя, если честно, не слишком хочется...

Само слово "талант" для меня уже скоро станет аллергеном... Мне кажется, многие используют его, даже не задумываясь, что оно обозначает.

Давайте для начала посмотрим, что по поводу таланта думает *Википедия*:

Талант — присущие от рождения определённые способности, которые раскрываются с приобретением навыка и опыта. Альтернативное определение: Талант - результат опыта работы в той или иной сфере деятельности. Необязательно появляется от рождения. Может проявиться в любое время.

Мне нравятся эти определения. Подчеркну: способности, которые раскрываются с приобретением *навыка и опыта*. Может проявиться *в любое время.*

Талант, как известно, может быть не только художественным. Давайте поговорим о таланте вообще. Например, о спортивном. Недавно я познакомилась с одним подростком, увлеченным хоккеем. В секцию родители отдали его в 3 года. Хоккей - это вся его жизнь. Тренироваться приходится много и часто, до 3 тренировок в день, в любую погоду (и это сразу, лет с 3-4). Лет в 10-12 наиболее талантливых мальчишек отбирают в профессиональную сборную, где они тренируются еще больше.

Бытовое понимание таланта, наверное, выглядит так: жил-был мальчик, никогда нигде не занимавшийся, но страшно талантливый. И вот однажды некий спортивный босс увидел, как этот мальчик гоняет шайбу во дворе, подписал с ним контракт, тот вышел на лед и стал звездой. И никаких изнуряющих тренировок с раннего детства, боли, травм. Так?

Может быть, из детей, которые приходят в спортивную секцию, по-настоящему талантливы единицы. Но как бы они узнали о том, что талантливы, если бы не тренировались? А не в спорте?

Про музыкантов говорят то же самое: гениальный музыкант отличается от талантливого временем, которое он тратит на репетиции. Будто бы гений репетирует как минимум в 10 раз больше. Очень справедливое, и главное - универсальное наблюдение. Гениальный писатель много пишет, гениальный художник - много рисует. Валентин Катаев любил повторять, что главное для писателя - чугунная задница. Как вы думаете, о чем это он?

Как бы ни был талантлив художник или музыкант, когда-то с чего-то он начинал учиться, и вряд ли самые первые рисунки или ноты были лучше, чем получились бы у любого обычного, "не талантливого" человека. Спросите у музыканта, сколько времени он потратил на гаммы и упражнения, перед тем, как перейти к серьезным произведениям?

Все слышали выражение "зарыть талант в землю". Этим мы и занимаемся, если ничего не делаем. Развитие любых способностей подразумевает некоторые усилия. Но надо понимать, что это ваш выбор: можно что-то делать, можно рассуждать о таланте.

Когда я начала вести свой блог, стали нередко попадаются в сети рисунки начинающих художников. И есть много людей, которые уже первую сделанную в студии или даже дома работу комментируют так: "Да у тебя талант". Или "Я бы так никогда не смог".

НИКОГДА? Я в самом деле не могу понять, это говорится из вежливости или всерьез? Если всерьез, то меня это очень печалит...

Возможности человека безграничны. С этим утверждением все охотно соглашаются, но при этом не верят в то, что и сами способны на многое. Вы не видите в этом парадокса?

Я искренне верю в то, что все люди талантливы от рождения. И при желании, можно отыскать в себе талант. Нужно лишь начать что-то делать, приобрести **навык** и **опыт**. Может, это и не так легко и быстро удастся, но *Путь в тысячу ли начинается с первого шага*...

ПОЧЁМ ТАЛАНТ?

Итак, одно из самых стойких убеждений, связанных с рисованием, можно сформулировать так: "Для того, чтобы научиться рисовать, необходим талант. Без таланта стать художником просто невозможно".

Спорить с этим все равно, что бороться с ветряной мельницей. Да я и не собираюсь этого делать. Просто хочу поделиться с вами открытием.

Друзья мои, я, кажется, знаю, откуда растут корни этой идеи! Разумеется, из истории изобразительного искусства...

Первые систематические школы обучения рисованию сложились в Древней Греции. Разумеется, и в более ранних культурах были художники, соответственно, они как-то учились своему искусству. Но способ обучения был совершенно другой.

В Древнем Египте основой рисования были четко разработанные схемы и каноны, которые художники заучивали наизусть. Надо сказать, требованиям времени такой метод обучения отвечал полностью.

Отличие подхода к преподаванию рисунка в Элладе состояло в том, что мастера призывали своих учеников изучать природу и её закономерности на основе науки, то есть канон был не железным правилом. Кроме того, греческие художники большое значение придавали живому наблюдению. Все это заложило основы для последующего развития методики обучения, и очень напоминает современный подход!

Итак, в Греции сложились 3 художественные школы: Ионийская, Сикионская и Аттическая».

Главой сикионской школы был Памфил — образованнейший человек и блистательный художник. Плиний писал о нем:

> «Сам Памфил родом был македонянин, но он первый вступил в область живописи, обладая всесторонним образованием, особенно же знанием арифметики и геометрии; без их знания, по его словам, нельзя было достичь совершенства в области искусства».

При подготовке художников-профессионалов, Памфил много внимания уделял научному обоснованию каждого положения изобразительного искусства, и прежде всего, поискам математических закономерностей. Сам Памфил был большой знаток математики и много работал в области геометрии, так как эта наука помогает развитию пространственного мышления и облегчает процесс построения изображения на плоскости. На дверях сикионской школы рисунка, говорит Плиний, было написано:

> «Сюда не допускаются люди, не знающие геометрии».

У Памфила была особая система обучения рисунку, которая обосновывалась строгими научными положениями. Чтобы овладеть этой системой, а также всеми научно-теоретическими и практическими положениями искусства, требовалось очень много времени.

Курс обучения у Памфила продолжался 12 лет. За обучение он брал довольно большую плату — один талант (26,156 килограмма) золота.

> «Никого он не учил дешевле одного таланта, и эту плату ему уплатили и Апеллес, и Мелантий».

Цифры и тогда были впечатляющими, а для нашего времени - тем более...

И теперь спрошу: так как вы считаете, нужен ли талант для того, чтобы научиться рисовать?

ПРО МОТИВАЦИЮ.

Из личной переписки:

> ... *Я всё никак не придумаю, как людям, скучающим по творческим конкурсам (прим. речь идет о конкурсах в одной из соцсетей), повернуть в сторону рисования, ведь все они в душе художники, и только эти конкурсы дали им это почувствовать... Пыталась лично написать про ваши курсы 3-м людям, знакомым по конкурсам, .. но как ни странно, у них нашлось куча причин, чтобы не начинать рисовать(...*

Говорят, на моем сайте есть немало материалов, мотивирующих на занятия творчеством. Меня это, честно говоря, удивляет, поскольку в мотивацию я не верю, и никогда намеренно не старалась писать ничего мотивирующего. Сейчас объясню, почему.

Всем, я думаю, знакома так называемая "пирамида потребностей" американского психолога Абрахама Маслоу. Вот она:

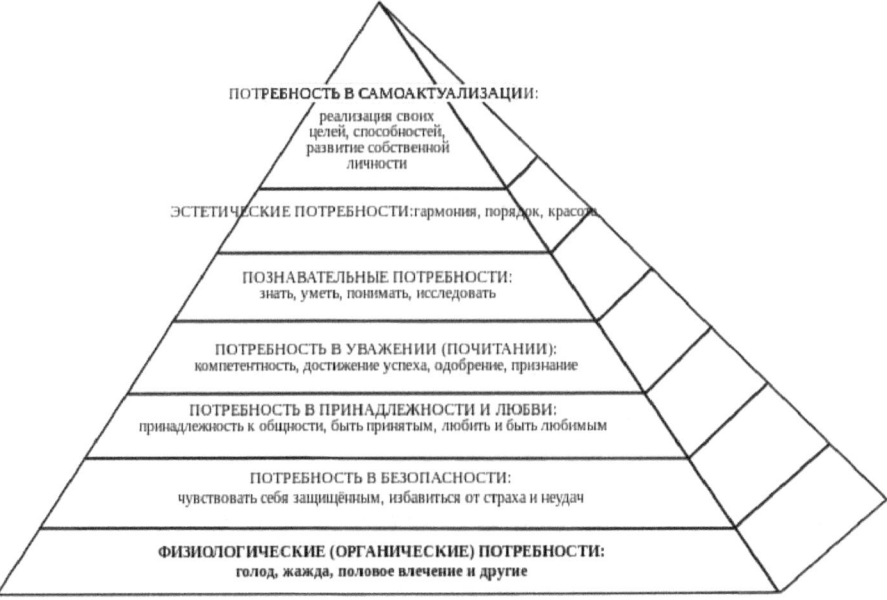

Пирамида Маслоу, иллюстрация из Википедии

Абрахам Маслоу полагал, что различные потребности человека можно отнести к одной из пяти основных категорий:

1. Физиологические: голод, жажда, половое влечение и т. д.
2. Экзистенциальные: безопасность существования, комфорт, постоянство условий жизни.
3. Социальные: социальные связи, общение, привязанность, забота о другом и внимание к себе, совместная деятельность.
4. Престижные: самоуважение, уважение со стороны других, признание, достижение успеха и высокой оценки, служебный рост.
5. Духовные: познание, самоактуализация, самовыражение, самоидентификация.

(на рисунке представлена более развернутая классификация).

Потребности высшего порядка становятся актуальными в том случае, если удовлетворены базовые потребности, то есть, человек чувствует себя сытым и защищенным.

Для примера давайте вспомним историю Робинзона Крузо. Вряд ли можно себе представить, что, попав на остров, он будет задумываться о том, как написать картину или сочинить роман... Все его действия направлены на то, чтобы выжить. Только после того, как он наладил свой быт, у него возникла необходимость в общении, тут на страницах книги возник Пятница.

Приведу другой пример, более актуальный для многих:

ЗАДАЧА.

Дано:

- Родитель интеллигентный.
- Чадо обыкновенное.
- Мировая культурная сокровищница Эрмитаж в пределах досягаемости.

Требуется:

- привить чаду любовь к прекрасному.

Дополнительное условие:

- Недалеко от Эрмитажа есть Макдональдс.

Креативное решение родителя:

Пообещать ребенку сводить его в Макдональдс при условии, что он согласиться по пути пару часов поскучать на выставке.

- усвоится ли духовная пища так же хорошо, как гамбургер?

Согласно теории Маслоу, вряд ли... Лучше бы ребенка сначала накормить, а уж потом вести смотреть картины. Если, конечно, он захочет, потому что высшие потребности возникают не автоматически после кормежки, а в случае соблюдения ряда более сложных для выполнения условий.

Так вот, к чему это я?

НА МОЙ ВЗГЛЯД, ЛЮБАЯ ПОПЫТКА МОТИВИРОВАТЬ ЧЕЛОВЕКА ДЕЛАТЬ ЧТО-ТО, ЧТО НЕ СООТВЕТСТВУЕТ ПОТРЕБНОСТЯМ, АКТУАЛЬНЫМ ДЛЯ НЕГО В ДАННЫЙ МОМЕНТ, - ЭТО ОБЕЩАНИЕ ПОСЕТИТЬ МАКДОНАЛЬДС ПОСЛЕ ЭРМИТАЖА.

Я не верю в такую мотивацию.

Но я верю в самомотивацию.

Желание заниматься творчеством находится на вершине пирамиды. Если у вас возникло желание творить, то никакая дополнительная мотивация уже не нужна. Вы сам найдете способы реализации своего творческого потенциала. И на этом пути сможете свернуть горы.

И наоборот, если у человека есть проблемы более насущные, он не станет даже думать о самореализации. У него есть дела поважнее.

Поэтому это первая и последняя моя статья, посвященная исключительно мотивации.

Если вы нашли эту книгу, когда искали информацию о том, как научиться рисовать, и читаете ее, значит, у вас есть внутренняя мотивация к творчеству. И если она достаточно сильная, вы найдете возможность реализовать свои способности.

ЧТО НУЖНО, ЧТОБЫ ПОЛУЧАЛОСЬ РИСОВАТЬ.

рисунок Херлуфа Бидструпа

Итак, мы с вами начали разговор о том, почему не получается.

Причин может быть, конечно, несколько. Это и недостаточная практика, и низкая мотивация. Часто бывает страшно вообще начинать. Очень серьезный барьер для начинающего художника - убежденность, что все равно ничего не выйдет. Многие подозревают у себя отсутствие способностей, и в результате даже не пытаются научиться.

Не буду говорить о том, что способности не нужны вообще. Но одних способностей просто недостаточно. Академический рисунок вообще можно свести к алгоритму, выполняя который можно добиться хороших результатов (заметьте, совершенно без многочасового ожидания вдохновения или музы).

Я могу дать несколько самых общих рекомендаций о том, что необходимо делать, чтобы получился хороший рисунок:

- Не отвлекаться. Создать у себя рабочее настроение. Невозможно рисовать и одновременно переписываться с кем-нибудь в соцсетях, поэтому просто отключить все отвлекающие моменты - интернет, мобильник... Ну, вы лучше знаете, что вам может помешать.
- Технически - организовать хороший свет. Лучше всего рисовать при дневном свете. Если вы рисуете с натуры - натюрморт или человека, то можно использовать дополнительную подсветку лампой, но бумага или холст по возможности, конечно, должны освещаться солнечным светом (только не резкими прямыми лучами).

- Конечно, если подготовка небольшая, лучше, чтобы рядом был преподаватель - это если есть возможность рисовать где-нибудь в студии или брать частные уроки.
- Не прилипать к работе. Регулярно отходить и оценивать с расстояния, хотя бы метра 2 - издалека видны ошибки, которые просто не можешь заметить уткнувшись носом в лист.
- Законченный рисунок полезно отложить на некоторое время. В процессе работы взгляд что называется "замыливается", автор уже просто не может воспринимать рисунок объективно. Поэтому стоит про него просто ненадолго забыть, чтобы потом, скажем на следующий день, оценить уже свежим взглядом. Когда глаз не "замылен", вы обязательно найдете, чего работе недостает - где-то подправить форму, где-то добавить контраст, и чаще всего это действительно позволяет вытащить рисунок, который еще вчера казался безнадежным!

Еще хочу сказать несколько слов о страхе критики и о том, что "все равно ничего не получится". Что поделаешь, наше настроение и самочувствие часто очень зависит от мнения окружающих. А окружающим не всегда достает такта. Помните, "художника обидеть может каждый"?

Верить в себя - совет полезный, но как поверить в себя, когда одно критическое замечание может убить эту веру на корню?

Самое лучшее, что вы можете сделать - это найти того, кто умеет делать правильные замечания. Я еще не видела ни одного преподавателя или художника, который бы сказал про учебную работу: "Это плохой рисунок. Мне не нравится". Зато люди, мало разбирающиеся в предмете, раздают такие комментарии с легкостью. Если вы знаете, что человек склонен делать недоброжелательные замечания, просто постарайтесь держаться от него подальше. Во всяком случае, свои рисунки для критики ему точно лучше не показывать.

Другая крайность - люди, которым нравится все безоговорочно. Поначалу слушать приятно, но постепенно замечаешь, что топчешься на месте, совершенно не понимая, действительно ли рисуешь хорошо, или тебя хвалят из вежливости, или просто боятся обидеть.

Хороший критик – это тоже талант.

Правильная критика - это когда человек сначала обязательно отметит положительные моменты, а потом скажет, что можно улучшить (и это относится не только к рисунку). Понятно, что такой человек должен разбираться в предмете. А если среди окружающих таких пока не нашлось, или вы не согласны с замечаниями?

Выход один - оценивать свои работы самому. И я уверена, только сам автор может правильно оценить свое творчество. Для этого:

- Не сравнивайте свои работы с чужими. Вы не сможете рисовать абсолютно так же, как кто-то другой, как, например, не сможете говорить чужим голосом или писать другим почерком.
- Разрешите себе ошибаться. Вы только учитесь, если что-то не получилось - просто скажите себе: "в следующий раз будет лучше". И в следующий раз действительно будет лучше - в рисунке количество неизбежно переходит в качество.
- Не выбрасывайте рисунки, неудачные в том числе. Храните где-нибудь в папке в хронологическом порядке и время от времени, скажем раз в полгода (а лучше реже), просматривайте. Вы сами убедитесь, насколько лучше у вас стало получаться за прошедшее время - и это здорово укрепляет уверенность в своих силах!

И напоследок:

В любой ошибке почти всегда есть что-то от Бога. Так что не спеши поскорей ее исправить. Напротив, постарайся постигнуть ее разумом, докопаться до самой сути. И тебе откроется ее сокровенный смысл.

Сальвадор Дали.

ПРИМЕРНЫЕ ЗАДАНИЯ ПО РИСУНКУ САМОМУ СЕБЕ.

Для того, чтобы не просто начать рисовать, а научиться это делать действительно хорошо, многим не хватает одной очень важной вещи. А именно СИСТЕМЫ.

Сейчас просто бум самообразования. Классическое образование не лишено недостатков, с этим трудно спорить. Иногда эти недостатки становятся критическими, и в этом случае люди начинают искать альтернативные способы обучения. Это касается, конечно, не только рисования. И такие альтернативные способы находятся. К счастью, на сегодняшний день есть немало школ и методик.

Но проблема в том, что информации чересчур много. Если искать уроки рисования в интернете, стоит набрать запрос в поисковике - вы будете завалены ссылками. На любой вкус: "как нарисовать розу", "как нарисовать натюрморт", "как нарисовать чайник без носика". Хвататься за все подряд - значит, топтаться на месте, это худшее, что вы можете сделать.

Чтобы все кусочки сложились в пазл, необходимо придерживаться определенной системы, потому что именно система дает путь, по которому вы двигаетесь.

Я уже неоднократно писала о том, что можно научиться рисовать самостоятельно. Но как выстроить систему занятий? Многие начинают с чтения классических учебников по рисунку, таких, например, как "Основы учебного академического рисунка". В учебнике знания, безусловно, систематизированы. Однако начинающие художники здесь сразу сталкиваются с проблемой: в книгах написано, как рисовать череп, гипсовые носы и головы, капители, а также другие учебные пособия - то, чего у большинства людей под рукой нет, и никогда не будет. Интуитивно понятно, что срисовывать это все с иллюстраций учебника особого смысла не имеет. Что же тогда остается?

Ответ простой и очевидный. Натюрморт! На мой взгляд, натюрморт вполне может быть основой обучения, поскольку позволяет проработать и развить все навыки, необходимые при рисовании: глазомер, твердость руки, конструктивное мышление и интуицию.

Однако просто рисовать натюрморт может показаться скучно. Чтобы от работы был эффект, нужно понимать, что и для чего делаешь. Намного проще и интересней рисовать, когда есть определенный план занятий, и на каждом занятии прорабатывается конкретная задача.

Вот несколько идей на тему того, какие задания можно давать самому себе при рисовании натюрморта, чтобы не умереть с тоски, а наоборот, работать с удовольствием. Старайтесь выполнять задания начиная от простого к сложному:

РИСУЕМ НАТЮРМОРТ:

Линейный натюрморт - выполнить без тона, только линиями. Приветствуются декоративные предметы сложной формы.

Силуэтный натюрморт - предметы можно выстроить в ряд, можно поставить так, чтобы они частично перекрывали друг друга. Искать общий контур у нескольких предметов.

Конструктивный рисунок - предметы в натюрморте рисуем так, будто они сделаны из гнутой проволоки, и мы видим их насквозь. Задание на построение. С особенным вниманием нужно отнестись к построению эллипсов.

Рисунок точками - передать объем точечным рисунком. Возможные материалы: тушь, ручка, фломастеры.

Простые предметы - овощи, чашки, бутылки. По возможности, без рисунков, этикеток и прочих мелочей. Кстати, это только кажется, будто рисовать простые предметы легко. Они требуют очень точного построения и аккуратной штриховки. Это мы и отрабатываем.

Драпировки - однотонная ткань, красиво свисающая со спинки стула. Выделяем главное и второстепенное, стараясь не запутаться в складках.

Сложные предметы - сложные, прежде всего, по форме. Основа - простая конструкция, которая постепенно, по мере работы, обрастает деталями (при построении вспомните про обертывающий объем).

Предметы с разной фактурой - стекло, глина, дерево, металл.

Пространственный натюрморт. Расположите объекты на разной глубине. Не забывайте, то, что ближе - четче и контрастней, дальше -

легче, будто в дымке. Отрабатываем навык восприятия линейной и воздушной перспективы.

Контрасты. Поставьте натюрморт, используя предметы и драпировки, контрастные по тону. Скажем, черные и белые. Также можно использовать контрастную светотень.

Отражения. Можно включить в натюрморт зеркало, или даже поставить предметы на зеркальную поверхность. А если зеркала будут с разных сторон?

Разный формат. Какой натюрморт можно заключить в круг? В овал? Лист, вытянутый по вертикали? Или по горизонтали? Это задание на композицию.

Разные материалы. Используйте уголь, сангину, пастель, соус, цветные карандаши. Только, конечно, не все сразу! Хотя что-то из этого вполне можно комбинировать. В общем, постарайтесь почувствовать и оценить возможности различных художественных материалов.

Натюрморт в интерьере. Включите в композицию часть обстановки в комнате. Стул, окно, гитара, прислоненная к подиуму, - все, что может раздвинуть рамки, дать больше пространства.

Думаю, для начала достаточно...

Задания можно комбинировать и уточнять, а также придумывать собственные. При творческом подходе, рисование натюрморта может стать очень увлекательным занятием, а мастерство исполнения будет неуклонно расти!

Нужно только помнить о том, что сложность задания должна идти по нарастающей: если опыт еще небольшой, будет трудно сразу нарисовать, скажем, шахматы в окружении зеркал. Можно начать с одного яблока на столе.

Кроме того, параллельно с рисованием натюрмортов, хорошо делать наброски и зарисовки людей, животных, растений и архитектурных деталей - для тренировки скорости и глазомера, линейные рисунки.

А также не забывать про творческие работы.

Учебный натюрморт: построение + линия

ЧТО ТАКОЕ КРЕАТИВНОСТЬ?

Для начала предлагаю вам решить одну простую задачку:

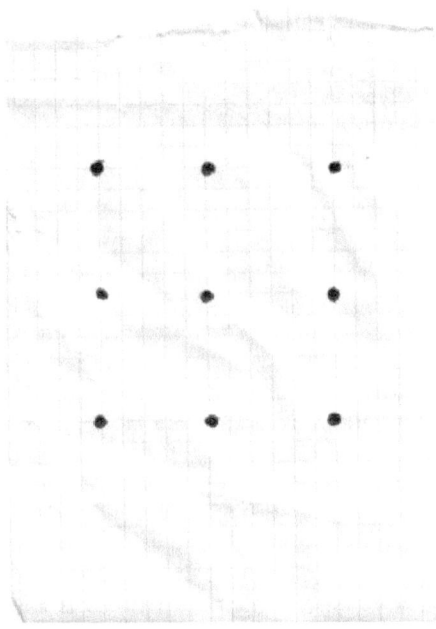

На рисунке 9 точек. Требуется соединить их 4 прямыми линиями, не отрывая карандаш от бумаги. Засеките время, которое потребуется для решения.

Справились?

Задача, в общем, пустяковая. Однако, если вы не знали, как она решается, то не было ли в сознании каких-нибудь ограничений, которые препятствовали тому, чтобы найти ответ?

Вы, наверное, уже понимаете, куда я клоню... Творчество – это прежде всего выход за рамки. Причем, рамки эти не реально существующие, а воображаемые, созданные нашим сознанием.

Определений креативности существует огромное количество. В науку мы углубляться не будем, тема это слишком большая для одной главы. Остановимся на том, что **креативность - это некий набор качеств, иначе определяемых как способность к творчеству**.

Это понятно уже по этимологии слова (англ. *create* - творить). А творчество в широком смысле - это способность создать или придумать что-то новое, действовать в ситуации неопределенности. А значит,

творческое мышление необходимо не только в рисунке или живописи!

Творчество проявляется там, где нет четких алгоритмов действия и готовых вариантов решения проблем. То есть, в любой жизненной ситуации.

Конечно, творческие способности подразумевают целый набор качеств. Например, это гибкость мышления, независимость, развитое воображение - все, что противоречит шаблонности и обыденности. Все люди изначально обладают этими качествами, но, как вы понимаете, любые способности - величина переменная. Это не то, что дается человеку раз и навсегда, их можно как развить, так и задушить.

Если понаблюдать за маленькими детьми, можно заметить, что их мышление значительно отличается от нашего. Они фантазируют, постоянно что-то изобретают, иногда просто ставят взрослых в тупик своими суждениями и поступками. И исследовтания подтверждают, самые креативные люди - это дошкольники! А к окончанию школы их творческие способности снижаются раза в 2. Правда, часть исследователей отмечают, что это относится к российским детям, показатели американских учеников того же возраста скорее возрастают. Почему так происходит?

Можно предположить, что это связано с принятой системой образования. Большинство учебных задач, которые мы решаем в школе (и в вузе), имеют единственный правильный ответ и решаются по определенному алгоритму. Естественно, ситуации, с которыми человек сталкивается в реальности, готовых и правильных схем решения чаще всего не имеют. И поэтому, сплошь и рядом можно наблюдать, как отличники учебы остаются за бортом жизни, в то время, как двоечники преуспевают (а вы знаете такие примеры?).

Есть 2 самых больших врага креативности: это критика и боязнь ошибиться.

Что касается критики, то, как я уже писала, она должна быть прежде всего позитивной. Замечания, как правило, вызывают у человека защитную реакцию и могут вообще блокировать способности. Особенно, в самом начале творческого процесса. Начинающие художники нередко просят «покритиковать» ваши работы. Прошу вас, никогда этого не делайте! Потому что в ответ можно услышать столько неприятных замечаний, что желание рисовать пропадет надолго.

Если уж очень хочется получить комментарии, сформулируйте тогда вопрос как-нибудь по-другому. Что хорошо в этом рисунке? Что можно похвалить? Нескромно, конечно, звучит... Но это лучше, чем напрашиваться на критику – «покритиковать» для большинства означает «поругать». Попробуйте придумать свои, более уместные формулировки. Но в любом случае, если человеку есть, что сказать, он это, вероятнее всего, сделает и без вашей просьбы.

Со страхом ошибиться сложнее. Если с критикой можно поспорить, поскольку исходит она от другого человека, то перфекционизм - внутренняя проблема. И, наверное, возникновению этой проблемы тоже в немалой степени способствует школа. Если в задаче по математике допустил на каком-то этапе решения ошибку - ошибочным будет и весь результат. И получишь двойку.

Но творчество – это не урок математики, здесь нет ни ошибок, ни двоек. Поиск идет по разным направлениям. То есть, какие-то пути могут оказаться тупиковыми, но какие-то приведут к созданию чего-то интересного и необычного. Важно не то, насколько правильно или не правильно вы что-то делаете, важно, насколько это позволяет взглянуть на проблему по-новому, увидеть что-то, чего не видят другие.

Предпочтительней иметь множество идей, пусть какие-то из них будут ложными, чем постоянно ощущать себя правым при дефиците ярких мыслей.

Эдвард де Боно

А теперь о том, почему я начала с задачки. Креативность можно развить! Чаще всего, она развивается, скажем так, в полевых условиях. То есть, попав в ситуацию, требующую нестандартных решений, человек начинает искать из нее выход. Или не начинает, это зависит от характера. У кого-то работа требует постоянного творческого поиска.

Но можно тренировать творческие способности и целенаправленно, с помощью специально смоделированных ситуаций. Например, как это делается на популярных сейчас тренингах креативности (однажды и я организовывала такой тренинг для своих студентов). А можно и самостоятельно находить или придумывать упражнения, пусть даже они кажутся детскими или несерьезными - тем лучше.

Одно из таких упражнений вы найдете на следующей странице.

РАЗВИТИЕ ВООБРАЖЕНИЯ.

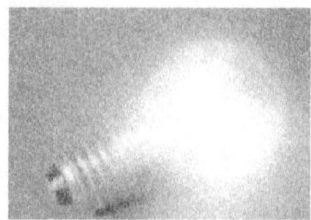

Итак, давайте попробуем выполнить одно очень простое упражнение на развитие воображения. Похожие задания мы выполняли с моими студентами, сделать его достаточно легко. Понадобятся листок бумаги и карандаш.

Для начала поделите листочек на 3 части. Теперь в каждой части нарисуйте по 4 простых рисунка (не узнаваемые фигуры, а что-нибудь абстрактное). Например, так:

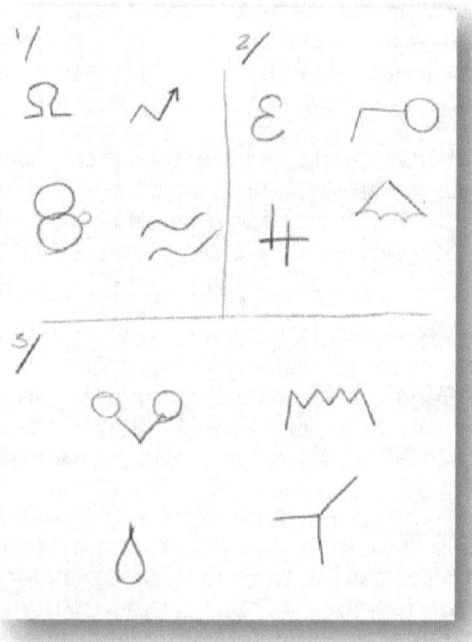

Это заготовка. Теперь нужно дорисовать рисунки следующим образом: в окошке под №1 каждая закорючка должна стать самостоятельным рисунком. В окошке №2 картинки объединяются попарно, то есть из двух соседних фигур должен получиться один осмысленный рисунок. А в 3-м окошке все 4 заготовки должны стать частью одной картины.

Мой вариант решения:

Понятно, что таких решений будет бесконечное число. Скажу только, что если задание кажется слишком простым, можно его дополнительно усложнить. Например, перед тем, как начать рисовать, выбрать жанр. Скажем, превратить данные рисунки в натюрморт или в иллюстрацию к какой-то книге.

Ну и, как обычно, не лишне будет время от времени повторять это упражнение или делать похожие - когда есть свободная минутка, блокнот и ручка.

РИСОВАТЬ "ИЗ ГОЛОВЫ" - КАК? И, ГЛАВНОЕ, ЗАЧЕМ?

Мне часто задают один и тот же вопрос. Про то, как рисовать по воображению, то есть "из головы". Надеюсь, мой ответ будет полезен для художников, которых тревожит та же проблема.

А начну с последнего письма на эту тему.

Здравствуйте!

Прошлой осенью я уже писал Вам в виде "крика души", на который Вы на мое удивление даже ответили :) Спасибо за это!

Хочу сказать, что большинство основных проблем в моем творчестве я преодолел, но возникла очередная, которая раздражает очень и очень сильно: я не могу (почти) рисовать "из головы". То есть если поставить передо мной гипс, или хозяйскую утварь с фруктами, или даже пейзаж, то сформировать более менее адекватное изображение у меня выходит.

Но вот если я сажусь и хочу нарисовать то, что у меня в голове - ... тут начинает ад. Как будто я держу кисть или карандаш в руках первый раз. То есть что сложного - представить в своей голове дерево на фоне реки и нарисовать его акварелью даже в одном цвете. Если бы я видел перед собой этот сюжет, то написание наброска у меня заняло пара минут и несколько движенью кистью (в идеале), но представляя в голове, выходит как будто мне 4 года, и родители подарили мне краски с кистями на новый год, лишь бы я перестал бегать по коридорам.

Иногда, разумеется, получается, но все равно гораздо ниже уровнем нежели если бы я рисовал с натуры...

Как я понимаю тут дело уже не в умении и не в технике рисования, а именно в "таланте" или "мозге"... Можно конечно продолжать рисовать с натуры, но порой хочется нарисовать что-то иное, что в душе, но не выходит...

На мой взгляд, описанная ситуация не только типична, но и НОРМАЛЬНА.

"Из головы" замечательно писать абстрактные картины, тут пространство для воображения безгранично. Ну, в крайнем случае, нечто фантастическое. Какого-нибудь не известного науке Чебурашку или портрет лунатика.

Можно рисовать комиксы, иллюстрации, мультипликационных героев. Все то, где имеет место большая доля условности.

Но если хочется изобразить что-то достаточно правдоподобно, так, чтобы было похоже на объект реального мира, то зачем мучить голову, пытаясь достать из нее то, чего там нет?!

Да, именно так.

Не верите? В порядке эксперимента... Представьте себе какой-нибудь овощ или фрукт, который найдется у вас в холодильнике. Нарисуйте его "из головы", так подробно, как можете себе представить. А потом достаньте из холодильника настоящий и нарисуйте его с натуры. Какой из этих рисунков выглядит более правдивым?

Понимаете, каждый предмет в природе уникален, он существует только в одном экземпляре.

В голове у нас хранится некий обобщенный образ, набор характеристик. Морковка выглядит как вытянутый конус оранжевого цвета. А в реальности она может быть такой:

Окружающий мир намного разнообразнее того, что мы можем себе вообразить...

Помимо биологической вариативности есть ведь еще и другие переменные. Тени и рефлексы, которые носят случайный характер. Цвет, в зависимости от общего освещения. Руанский собор в полдень и Руанский собор в серую погоду - два разных по цвету собора.

Художники всегда относились к натуре с большим уважением. И в том, чтобы писать с натуры или писать то, что в душе, нет на самом деле никакого противоречия. Можно писать то, что в душе с натуры - стоит лишь найти подходящую натуру.

Пример: картина "Явление Христа народу" А. Иванова.

Понятно, что идея взята "из головы", и автор не писал эту сцену с натуры. И замысел здесь действительно монументален. Вот как видел художник свою задачу: «Нужно представить в моей картине лица разных сословий, всяких скорбных и безутешных, проглядывающее горестное чувство, желание свободы и независимости».

Но лица эти не выдуманные, как и детали пейзажа. Известно, что Иванов выполнил для этой картины около 400 предварительных этюдов и эскизов. Работа над полотном продолжалась 20 лет.

И этюды писались с реальных людей. Например, прототипом одного из персонажей был Гоголь.

Часть этих этюдов можно видеть в собрании Русского музея.

Любая реализация любого замысла предполагает сбор материала, и пропускать эту стадию не желательно. В вашей копилке могут быть наброски, эскизы, какие-то подходящие фотографии по теме. Тогда реализованная идея будет весомой и правдоподобной.

И еще хочу сделать небольшую ремарку. Рисование "по воображению" отличается от рисования "по памяти". Со стороны разница не заметна, художник рисует что-то не глядя на натуру. Однако по памяти можно нарисовать что-то действительно более-менее убедительное.

Конечно, в этом случае необходим достаточно большой опыт. Если вы нарисовали тысячу портретов с натуры, вы сможете нарисовать лицо, которое вполне может принадлежать реальному человеку. Ваша память будет подсказывать вам какие-то нюансы и отдельные черты лиц, когда-то вами нарисованных.

Чтобы рисовать по памяти недостаточно просто представлять себе знакомый объект. Его необходимо тщательно изучить с карандашом в руке, делая наброски и подробные рисунки.

Я время от времени рисую свой автопортрет. В результате я могу не глядя в зеркало нарисовать лицо, похожее на мое... А вот лица родных или друзей я по памяти нарисовать не смогу, особенно тех, кого никогда не рисовала раньше.

По воспоминаниям современников, многие известные художники обладали уникальной цепкой памятью. Думаю, это не врожденный талант, а результат тренировки, каждый из этих художников имел большой опыт рисования с натуры.

Поэтому, если есть желание рисовать "из головы" - обязательно нарабатывайте опыт в рисунках с натуры, делайте наброски - чем больше, тем лучше. И вскоре эта проблема перестанет быть для вас проблемой.

> *Для меня вполне очевидно, что привычка точно рисовать, что мы видим, дает соответствующую способность точно рисовать то, что мы задумываем...*
>
> *Джошуа Рейнольдс*

ОБ АКАДЕМИЧЕСКОМ РИСУНКЕ.

За то время, что я работаю над сайтом, у меня сложилось впечатление, что большинство людей, ищущих в интернете или в книгах уроки рисования, не хотят учиться всерьез, в смысле, профессионально. А чего хотят? Не знаю... Может быть, просто занять себя или убить время? (Предвижу бурю негодования... Нет, я не лично вас имею в виду, я знаю, что вы настроены очень серьезно).

Академический рисунок же - это профессиональная система обучения. И меня очень радует, что среди моих читателей оказалось немало таких, кому это интересно.

Но все же, вдруг мы понимаем под этим термином несколько разные вещи?

Давайте я расскажу о некоторых заблуждениях или мифах, связанных с академическим рисунком.

МИФ 1. АКАДЕМИЧЕСКИЙ РИСУНОК - РАБОТА ПО ЗАДАНИЮ, В ИНСТИТУТЕ ИЛИ В ХУДОЖЕСТВЕННОМ УЧИЛИЩЕ. В ОТЛИЧИЕ ОТ РИСУНКА НА ВОЛЬНУЮ ТЕМУ.

На самом деле, **академический рисунок - это система реалистичного изображения предметов, исходя из их конструктивных особенностей.**

И, в принципе, не важно, что и где вы рисуете. По рисунку почти всегда можно угадать, учился ли его автор академическому рисунку. Особенно это заметно на популярных в последнее время портретах по фото. Потому что не имея такого навыка, человек просто копирует тональные пятна, и форма может "поплыть". Если же художник учился рисовать профессионально, он начинает прежде всего строить портрет, и пятна располагает в соответствии с построением. Возможно, они у него будут несколько другими, чем на исходной фотографии, но форма будет выглядеть правильной и убедительной.

МИФ 2. АКАДЕМИЧЕСКОМУ РИСУНКУ НАУЧИТЬСЯ ОЧЕНЬ ТРУДНО.

В принципе, понятно, отчего складывается такое впечатление. Я тоже видела объемные учебники по рисунку, рекомендованные для изучения в художественных вузах. Но понимаете, рисунок - это движение. То, что можно показать очень легко, объяснить словами намного труднее. Попробуйте описать, например, "танец маленьких утят" так, чтобы человек, который никогда его не видел, сумел бы станцевать, руководствуясь вашим описанием. Думаю, вам придется использовать "многабукаф", как говорят подростки.

Образование в Советском Союзе было действительно массовым и общедоступным. И система академического обучения рисунку строилась таким образом, чтобы научить рисовать можно было любого человека. Там нет громоздкой теории, требующей зубрежки. Вся теория, необходимая для построения натюрморта, например, - это знание, что параллельные прямые пересекаются на линии горизонта, а круги в перспективе выглядят как эллипсы. Есть еще несколько правил, но они также просты и доступны для понимания.

МИФ 3. АКАДЕМИЧЕСКОМУ РИСУНКУ НУЖНО УЧИТЬСЯ ОЧЕНЬ МНОГО ЛЕТ.

Еще раз повторюсь, это практическая дисциплина. Такая же, как танцы или вождение автомобиля. Можно освоить основные принципы и движения всего за несколько занятий. А годы практики оттачивают мастерство. Понятно, что тот, кто водит машину 10 лет, делает это несколько лучше, чем тот, что только получил права. А так - да, учиться можно всю жизнь.

МИФ 4. АКАДЕМИЧЕСКИЙ РИСУНОК - ОЧЕНЬ СКУЧНОЕ ЗАНЯТИЕ.

Тут спорить трудно. Поначалу, пока не очень получается, может быть, действительно не весело. Потому что начинают обучение с примитивов - рисуют куб, шар, призмы. А хочется, например, портрет.

Но, это как гаммы в музыке. "Полет шмеля" играть гораздо интереснее, но если пальцы не приобрели беглость в результате проигрывания "скучных" гамм, "Полет шмеля" будет тоже не быстрым.

Вам все еще интересно?.. Тогда читайте дальше.

ОСНОВНЫЕ ПРИНЦИПЫ АКАДЕМИЧЕСКОГО РИСУНКА.

1. Первоочередное значение имеет конструкция предмета. При этом конструктивное построение неотделимо от светотеневой моделировки. То есть, светотень распределяется по предмету в строгом соответствии с его строением и формой.
2. Каждый предмет можно представить как совокупность основных геометрических форм: шара, параллелепипеда, цилиндра. Если вам известно, как распределяется свет по поверхности этих простых форм, вы сможете нарисовать любую достаточно сложную форму. Собственно, поэтому студенты и рисуют гипсовые примитивы.
3. Художник рисует плоскостями. То есть, все полутона занимают свой участок плоскости. Где границы этих плоскостей, вы находите исходя из конструкции предмета. Не знаю, как понятней объяснить, это как раз тот случай, когда показать намного проще, чем рассказать...
4. Светотень и конструкция прорабатываются одновременно, на всей плоскости листа. То есть, не остается "белых пятен", как в случае, когда рисуете сначала один кусочек, потом другой. Рисунок на любой стадии можно считать законченным.
5. Работа ведется от общего к частному. Сначала большие формы и плоскости, потом детали. То есть, если рисуете портрет, например, начинаете не с глазок а с общей формы головы. А мелочи типа ресничек или родинок вообще намечаете уже в самом конце, когда рисунок готов.

Ну вот, пожалуй, вся информация, необходимая для понимания того, что скрывается за определением "Академический рисунок".

Есть разные способы обучения. Поскольку я училась рисовать традиционно, в институте, мне академический подход кажется близким и понятным. И при подготовке своих уроков и статей, я использую те принципы, о которых вы только что прочитали.

Я люблю академический рисунок, мне он никогда не казался скучным занятием. В конце концов, результат зависит только от художника, именно автор делает рисунок живым или сухим, и это не зависит от того, применяет он академический подход или нет.

КАК СДАТЬ ЭКЗАМЕН ПО РИСУНКУ.

ПАМЯТКА ДЛЯ ПОСТУПАЮЩИХ НА ХУДГРАФ.

Часто учебные заведения публикуют информацию о требованиях к работам, которые, впрочем, не всегда кажутся понятными абитуриентам.

Здесь я публикую критерии оценки рисунка, и постараюсь разъяснить, что за ними скрывается. То есть, каким должен быть рисунок с точки зрения преподавателя, чтобы получить высший балл на экзамене.

Говорить буду на примере рисунка гипсовой головы, поскольку головы чаще всего используются на экзаменах. Но вообще, советы универсальные, подставляйте вместо "голова" необходимое (натюрморт, фигура и т. д.).

1. Композиция на бумаге формата А2 - Оценивается размещения элементов рисунка на листе с учетом размеров рисунка, отношению к центру листа в зависимости от ракурса, плотности графического изображения.

Требование к композиции стоит несколько особняком, остальные критерии относятся к качеству самого рисунка. Однако пренебрегать этим требованием не стоит, неудачная композиция может заметно испортить все впечатление от самой хорошей работы. Про композицию я немного писала здесь. Золотое сечение универсально. Его можно использовать не только для выбора положения основных направляющих, но и для того, чтобы найти соотношение фона к объекту. Вы берете любые соседние числа ряда Фибоначчи - это и будет искомая пропорция. Допустим 5/8 листа занимает объект и 3/8 фон. Но, понятно, что математические выкладки несколько условны, да и до того ли будет в обстановке экзамена. Композицию проще найти интуитивно, голова не должна выглядеть ни слишком большой, ни слишком маленькой, со стороны глаз должно оставаться больше свободного пространства (как бы место для взгляда).

2. Выявление объема - Оценивается передача посредством светотени объема гипсового слепка головы и его частей, соотношение светотеневой проработки, передача рефлексов, собственных и падающих теней.

Главное, что выдает с головой тех, кто голову никогда прежде не рисовал, - это маниакальное желание правильно нарисовать черты лица, остальное же штрихуется как-нибудь. Действительно, кажется, что если на рисунке глаза, нос и рот будут похожи на соответствующие черты гипсового оригинала, то и голова в целом будет похожей.

Это заблуждение! Глаза, губы и так далее, не являются формообразующими элементами!

В первую очередь необходимо сосредоточить внимание на больших объемах. Это общая форма головы, шея, плечи (если есть). Здесь важно показать, как на этих крупных формах распределяется свет, какие участки затенены. Затем можно выделить меньшие по размеру формы. Это могут быть лоб, волосы, бороды (только не вырисовывать каждый отдельный локон, а рисовать шевелюру в массе). Ну и далее дробить, постепенно прорабатывая все более мелкие детали. Только тогда объем будет строится грамотно и постепенно, а черты лица встанут на место и будут поддерживать впечатление объема, а не мешать ему.

В общем, работа ведется от общего к частному, а никак не наоборот.

Хотя бывают исключения. Есть люди, способные начать рисовать с левого уха, но в результате получить правильно построенную голову. Но тут нужен опыт и отлично развитый глазомер...

3 Пропорции и перспективное построение - Оценивается правильность пропорциональных соотношений при построении объема гипсового слепка головы с учетом перспективных сокращений.

Думаю, долго объяснять, что такое "правильность пропорциональных соотношений", не нужно. Все части должны быть соразмерны друг другу и общему объему.

Хочу только выделить один нюанс. То, на чем художник фокусируется более всего, может и на рисунке стать слишком большим. Например, часто на портретах можно видеть чересчур большие глаза, и, например, маленькие ушки и узкие плечики. Стоит помнить об этой особенности восприятия и постоянно контролировать, не преувеличиваете ли вы что-нибудь.

Ну, и не застывать на одном месте, постоянно переключаться. Поработали над глазами, перешли к прическе, проверили положение шеи, и так далее.

Иногда очень полезно отходить и смотреть на рисунок с расстояния. Так вы увеличите свое поле зрения и сможете оценить то, что получается, более адекватно. Как писал Есенин, "лицом к лицу лица не увидать".

С перспективным построением разобраться тоже достаточно несложно. Важно, чтобы все парные и симметричные детали находились на одной линии. Вы можете провести их прямо насквозь через весь рисунок - линию глаз, рта, линию бровей. И сохранить эти линии построения до конца, можно их вообще оставить в готовой работе, это никого не напряжет. Есть такая поговорка "больше грязи - больше связи". При имеющихся линиях построения глаз или ухо у вас на рисунке точно никуда не сместятся.

Ну, и конечно, параллельные линии построения должны теоретически встречаться где-то на горизонте, то есть, на рисунке они будут слегка сходиться (и ни в коем случае не разбегаться). Если есть сомнения в правильности построенной перспективы, можно для самопроверки использовать обертывающий объем.

Пропорции и построение неотделимы от выявления объема. Это 2 стороны одной медали. В идеале построение и проработка объема ведутся одновременно. Как - я показывала в небольшом видео-курсе "Введение в академический рисунок" (этот курс сейчас доступен по адресу http://paper.justclick.ru/order/acad1/).

Внимание - этот курс не руководство для поступающих! Это только базовое знакомство с академическим рисунком. Собственно, как и все, что написано в этой книге.

4. Техника выполнения - Оценивается владение техникой карандашной графики, качество нанесения штриховки, прямых линий, использование тоновой графики для передачи эффектов воздушной перспективы, передача материала натуры.

Про штрих я писала здесь. Я бы сказала, что это наименее важный критерий, поскольку манера штриховать - это то, на что вы можете влиять меньше всего. Она индивидуальна, как почерк. Качество штриха во многом зависит от темперамента, но в общем, смелая штриховка предпочтительнее вялой. А поскольку трудно смело штриховать, когда ты сам скован и напуган, желательно на экзамене не нервничать. В смысле, насколько это возможно. По опыту могу сказать, что когда ты полностью погружаешься в рисунок, эмоции отходят на второй план.

В остальном просто постарайтесь, чтобы работа была по возможности аккуратной. Важно, чтобы не было растушеванных фрагментов, пятен, отпечатков пальцев, и так далее. Поэтому просто подкладывайте листочек, если нужна опора для ладони, и не мучайте бумагу ластиком.

Это то, что касается критериев оценки. Однако, эти критерии достаточно условны. Никто препарировать рисунок и рассматривать отдельно штрих, отдельно объем не будет. Преподаватели смотрят общий уровень подготовки. И если работа в целом производит хорошее впечатление, снижать балл за небольшие огрехи в отношении какого-то из этих пунктов, например, не будут.

Надеюсь, мои советы помогут вам при подготовке к экзамену. Удачи всем поступающим!

Для тех же, кто поступать в ВУЗ не планирует, а хотел бы рисовать просто для души, у меня есть небольшой курс рисования. Получить его можно совершенно бесплатно здесь: http://artfound.ru/v1/

В ЗАКЛЮЧЕНИЕ.

Мне в этой жизни очень повезло с учителями. Когда я училась, я этого не то, чтобы совсем не понимала… Но, наверное, не в полной мере. Видимо, прав был поэт, и «лицом к лицу лица не увидать». Большое действительно видится на расстоянии.

Найти хорошего учителя – редкая удача, и я в этом смысле счастливчик. Преподаватели, у которых я когда-то занималась, были прекрасными учителями. Они не только обучали рисунку и живописи, каждый из них давал много больше, на собственном примере показывая, что значит быть учителем, как относится к своему и чужому творчеству, как делать замечания – так, чтобы не убить у человека желание рисовать, а наоборот, показать ему больше возможностей. Они вдохновляли меня и учили любить рисунок и живопись.

Мне трудно об этом говорить, но одного из моих педагогов уже нет в живых. У Рашида Андреевича Сафина я занималась, когда готовилась к поступлению в институт. Не так долго, всего, наверное, занятий десять. Но его уроки стали базой не только для всего дальнейшего обучения, но и для моей преподавательской деятельности. И я уже сама готовила ребят к поступлению, и объясняла, и показывала точно так же, как мне когда-то объяснял и показывал Рашид Андреевич.

В начале, в главе «5 причин стать художником», я говорила о том, что для меня есть еще одна значимая причина. Это возможность научить кого-то еще. Рисовать не трудно. Не труднее, чем водить машину. Это доступно любому, и девиз моего блога «Научиться рисовать может каждый». Ощущение, что ты можешь, а не сомневаешься, волшебно. И не менее волшебно наблюдать, как у человека вырастают крылья.

Для меня обучение рисунку – это форма благодарности моим преподавателям. Мне хочется дать другим то, что мои учителя когда-то дали мне, потому что я верю, что это сделает мир чуточку лучше. И я не могу не согласиться с Александром, который отвечая на вопрос «Зачем вам учиться рисовать», сказал, что самореализовавшийся человек - это счастливый человек.

Поэтому, напоследок у меня есть одно пожелание, или нет, скорее, дружеский совет: если вы учитесь сами, найдите возможность для того, чтобы научить кого-то еще. Даже если вы в самом пути, всегда найдется человек, который знает и умеет чуть меньше. Поделитесь с ним своим опытом, знаниями, подчерпнутыми в этой книге или в любых других источниках. Ведь когда обучаешь чему-то, ты сам учишься, причем многократно быстрее и эффективней.

Рисунок Евгении Пономаревой

Благодарю всех своих студентов, учеников, читателей, которые также многому меня научили. Ваши успехи – самая лучшая мотивация, это то, что помогает мне двигаться дальше. Без вас появление этой книги было бы невозможно.

Желаю вам радостного и вдохновенного творчества!

Александра Мережникова

БИБЛИОГРАФИЯ:

Набор учебных плакатов "Основы наблюдательной и линейной перспективы", автор: Е. В. Ладыгин. Художественно-педагогическое издательство; ISBN 5-98569-002-4, 978-5-98569-008-8; 2007 г.

Академический рисунок. Набор плакатов по методике обучения рисованию с натуры, автор: Д. А. Тимошенко. Художественно-педагогическое издательство; ISBN 5-98569-001-6; 2002 г.

Перспектива. С. А. Соловьев. Издательство: Просвещение; 1981 г.

Тренинг креативности для старшеклассников и студентов. А. Г. Грецов. Издательство: Питер; ISBN 978-5-91180-221-9, 5-911-221-X; 2007 г.

i want morebooks!

Покупайте Ваши книги быстро и без посредников он-лайн – в одном из самых быстрорастущих книжных он-лайн магазинов! окружающей среде благодаря технологии Печати-на-Заказ.

Покупайте Ваши книги на
www.more-books.ru

Buy your books fast and straightforward online - at one of world's fastest growing online book stores! Environmentally sound due to Print-on-Demand technologies.

Buy your books online at
www.get-morebooks.com

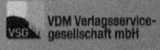 VDM Verlagsservicegesellschaft mbH
Heinrich-Böcking-Str. 6-8   Telefon: +49 681 3720 174   info@vdm-vsg.de
D - 66121 Saarbrücken   Telefax: +49 681 3720 1749   www.vdm-vsg.de

www.ingramcontent.com/pod-product-compliance
Lightning Source LLC
Chambersburg PA
CBHW032004220426
43664CB00005B/143